AF285994

KINDERLIEDER
von nah und fern

Praxisbuch für Kita,
Grundschule und Musikschule

herausgegeben von
Mathias Metzner

unter Mitarbeit von
Daniela Ehwein
Angela Ruck

www.schott-music.com

Mainz · London · Berlin · Madrid · New York · Paris · Prague · Tokyo · Toronto
© 2014 SCHOTT MUSIC GmbH & Co. KG, Mainz · Printed in Germany

IMPRESSUM

Bestellnummer: ED 21770
ISMN: 979-0-001-19617-8
ISBN: 978-3-7957-4812-8

Illustrationen: Maren Blaschke
Notensatz: Leonid Peleshev
Layout: Martha Hammerschreck
Redaktion: Jennifer Klotz

www.schott-music.com
© 2014 SCHOTT MUSIC GmbH & Co. KG, Mainz
Printed in Germany · BSS 55976

Dieses Liederbuch ist aus einer mehrjährigen Praxis mit Kindern aus über 60 Ländern hervorgegangen. Den Anstoß dazu gaben Eltern-Kind-Kurse in verschiedenen Bildungseinrichtungen mit hohem Anteil an Familien mit Migrationshintergrund. Angeregt durch diese Arbeit haben wir uns vor zwei Jahren auf die Suche nach Kinderliedern aus den jeweiligen Herkunftsländern der Familien begeben. Die Recherchen in der Entwicklungsphase des Buches wurden durch eine großzügige Spende der Crespo Foundation ermöglicht.

Beinahe zwangsläufig entstand daraus die Idee, diese Lieder für die pädagogische Praxis in Kindergarten, Musikschule und Grundschule aufzubereiten. Zusätzlich zu ihrem Originaltext erhielten alle Lieder einen singbaren deutschen Text. So können Kinderlieder aus aller Welt in den Alltag von Kindergarten und Schule integriert werden, diesen bereichern und Brücken in unterschiedliche Kulturen bauen.

Unsere Arbeit wäre ohne Unterstützung verschiedener Institutionen wie das Internationale Zentrum für Familie, das Haus der Volksarbeit und den Eltern-Kind-Treff Gallus nicht möglich gewesen. Zahlreiche Eltern und Kinder haben uns Lieder vorgesungen, Aufnahmen besorgt sowie Texte und Übertragungen beigesteuert. Unser Dank gilt schließlich der A.-Bachmann-Stiftung, die dieses Buch und Projekt mit Lehrerfortbildungen, Kindergarten-Kursen und einer finanziellen Unterstützung der Aufnahmen fördert.

Unsere Hoffnung ist, dass die hier zusammengetragenen Lieder auch nach ihrer „Ankunft" in Deutschland eine Rolle spielen und einen festen Platz im musikalischen Repertoire von Kitas, Schulen und Familien finden.

Daniela Ehwein, Mathias Metzner und Angela Ruck

WIR LERNEN UNS KENNEN

VON KLEINEN UND GROSSEN TIEREN

KOMMT, LASST UNS TANZEN

WOLKEN, WIND UND SONNENSCHEIN

HEUTE FEIERN WIR EIN FEST

SONNE, MOND UND STERNE

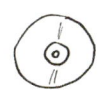 **1** Tracknummer auf der CD.

BEWEGUNG Zu diesem Lied gibt es eine Choreografie.

SPIEL Zu diesem Lied gibt es eine Spielidee.

BAND Zu diesem Lied gibt es instrumentale Begleitmöglichkeiten.

TIPP Zu diesem Lied gibt es Tipps und weiterführende Anregungen.

INFO Hier gibt es Informationen rund um das Lied.

 Dieses Lied ist ein internationaler Klassiker und auch in anderen Ländern sehr bekannt.

Bei allen Begleitangeboten finden Sie unter dem Liedtext die sogenannte Rhythmussprache. Sie soll den Zeitpunkt (Position unter dem Text) und die Länge der Einsätze verdeutlichen.

$\textbegin{matrix}\end{matrix}$ = *tao*   lang

= *ta*

= *ti*   kurz

BAND

Dieses Lied lässt sich gut mit Boomwhackers begleiten.
Bereiten Sie die Liedbegleitung mit einer Übung vor.
Patschen Sie dabei abwechselnd je 2x rechts und 2x links auf die Schenkel und singen dazu gemeinsam das Lied.

Liedtext   **Bewegung**

Mer - ha - ba, sa - lam,   buon gior-no, do - bar ...
ta   *ta*   *ta*   *ta*   *ta*   *ta*

TIPP

Verteilen Sie anschließend die Boomwhackers so, dass die Spieler in der rechten Hand je einen Ton aus f, a oder c und in der linken Hand einen Boomwhacker c, e oder g halten. Wenn die Instrumente verteilt sind und die Vorübung gut gelingt, begleiten die Boom-whacker-SpielerInnen den Kanon. Die Reihenfolge 2x rechts 2x links bleibt bestehen.

Verändern Sie die Begrüßungsformeln und Verabschiedungsformeln je nach muttersprach-licher Zusammensetzung der Gruppe.

Hej, hello, bonjour, guten Tag

Merhaba, salam, buon giorno, dobar dan

Melodie und Text: überliefert

Mer-ha-ba, sa-lam, buon gior-no, do-bar dan. Dzi - en do - bry,

dzi - en do - bry. Ka - li - me - ra, ka - li - me - ra!

Der Kanon ist unter dem Titel *Hej, hello, bonjour, guten Tag* bekannt und weit verbreitet.
Seine einfache, klare Struktur lädt zum Begleiten und Variieren ein.

INFO

TIPP

Singen Sie dieses israelische Volkslied als Abschiedslied am Ende einer Stunde einmal auf Deutsch und auf Hebräisch. Begleiten Sie mit Schellentrommeln im Grundschlag.

Liedtext

Instrument

Sha - lom cha - ve - rim, sha - lom cha - ve - rim!

ta   ta ta   ta ta   ta ta   ta

Hallo, lieber Freund
Shalom Chaverim

Melodie und Text: aus Israel

Hal - lo, lie - ber Freund, hal - lo, lie - ber Freund, lass Frie - den sein.
Sha - lom cha -ve - rim, sha - lom cha -ve - rim! Sha - lom, sha - lom!

Hal - lo, lie -ber Freund, hal - lo lie -ber Freund, lass Frie - den_ sein.
Le hit -ra - ot, le hit -ra - ot, sha - lom, sha - lom!

2. Auf Wiederseh'n,
auf Wiederseh'n,
lass Frieden sein!

Shalom Chaverim ist eine israelische Begrüßungsformel und kann auch mit „Friede, Freunde"
übersetzt werden.

INFO

11

BAND

Begleiten Sie die Melodie des Liedes mit den drei Klangbausteinen c¹, e¹ und g¹.

leichte Version:

Spielen Sie die Töne c¹, e¹ und g¹ über die Dauer des Liedes immer wieder nacheinander (Ostinato).
Die Töne sollten so schnell gespielt werden, dass sie 2x in einem Takt erklingen:

Liedtext   **Instrument**

Sei   gegrüßt,   sei   gegrüßt,   ge - grüßt.

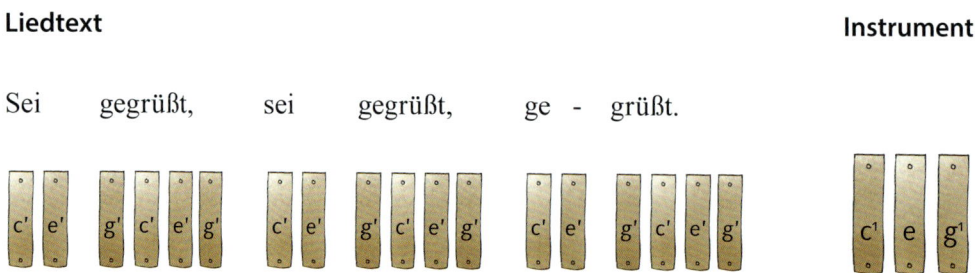

fortgeschrittene Version:

Spielen Sie mit den drei Klangbausteinen die Melodie nach.
Ist genug Ruhe und Zeit vorhanden, können die Kinder selbstständig versuchen, die Melodie herauszuhören und auf den Klangbausteinen zu spielen.

BEWEGUNG

Die Kinder klatschen einmal mit dem gegenüberstehenden Partner in die Hände, dann zweimal in die eigenen Hände. Dies wird über die gesamte Dauer des Liedes wiederholt.

Steigerung:

Die Kinder klatschen mit dem Gegenüber in die Hände, dann in die eigenen Hände und patschen schließlich auf die Oberschenkel. Auch diese Reihenfolge wird über die gesamte Dauer der Begrüßung wiederholt.

TIPP

Singen Sie dieses traditionelle afrikanische Begrüßungsliedlied auch als Kanon, sobald die Kinder Text und Melodie sicher beherrschen. Hinweise zu den Einsätzen finden Sie in Form von Nummerierungen im Notentext.

Sei gegrüßt
Sorida

Melodie und Text: aus Simbabwe
deutscher Text: Angela Ruck

Sei   ge - grüßt,   sei   ge - grüßt,   ge - grüßt,   ge - grüßt.
So - ri - da,   so - ri - da   ri - da   ri - da.

Ich   und   du   wir   sind   da,   sind   da,   sind   da.
Da   da   da   da   da   da   ri - da   ri - da,

© 2014 Schott Music GmbH & Co. KG, Mainz

Sorida ist eine Begrüßungsformel der Schona (bzw. Shona) und ist vergleichbar mit dem hebräischen *Schalom* oder dem swahilischen *Jambo*.

INFO

BAND

Begleiten Sie den Gesang mit Orff-Instrumentarium
(z. B. Handtrommeln, Rasseln und Klanghölzern).

BEWEGUNG

Tanzen Sie gemeinsam zu diesem Lied aus Simbabwe.
Stampfen und klatschen Sie abwechselnd.

Liedtext   **Instrument**

‖: Hal - lo, gu - ten   Mor - gen   Sa - li - bo - na - ni :‖

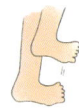    

kommt   und singt   mit   uns   Sa - li - bo - na - ni ,

kommt   und tanzt   mit   uns   Sa - li - bo - na - ni ,

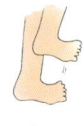 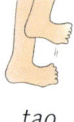 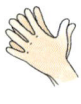 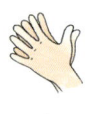 

tao   *tao*   *ta*   *ta*   *ta*

TIPP

Singen Sie dieses Lied zur Begrüßung im Morgenkreis.

Guten Morgen
Salibonani

Melodie und Text: aus Simbabwe
deutscher Text: Margo Winsemius

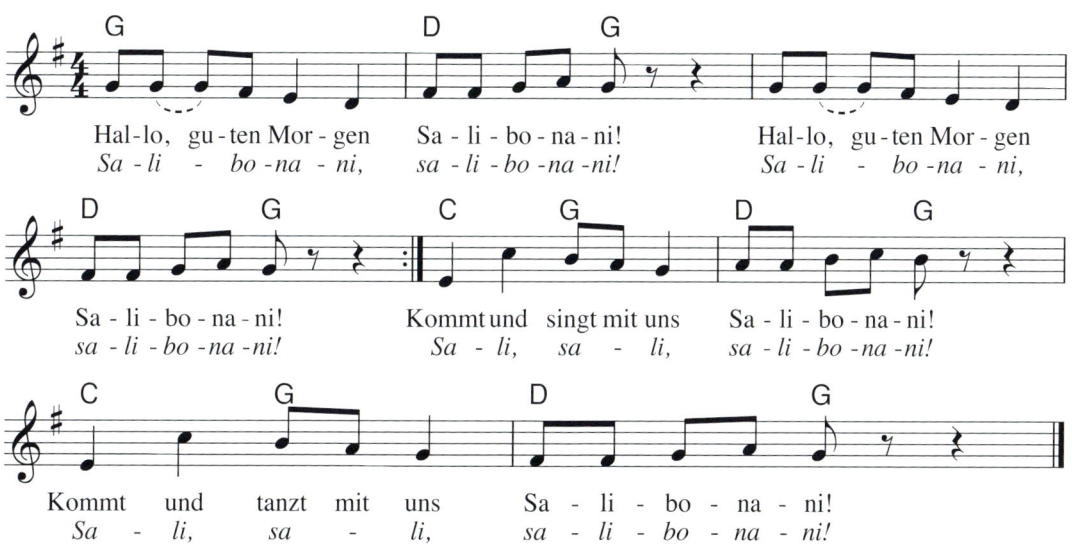

Hal-lo, gu-ten Mor-gen Sa-li-bo-na-ni! Hal-lo, gu-ten Mor-gen
Sa-li - bo-na-ni, sa-li-bo-na-ni! Sa-li - bo-na-ni,

Sa-li-bo-na-ni! Kommt und singt mit uns Sa-li-bo-na-ni!
sa-li-bo-na-ni! Sa-li, sa-li, sa-li-bo-na-ni!

Kommt und tanzt mit uns Sa-li-bo-na-ni!
Sa-li, sa-li, sa-li-bo-na-ni!

© 2014 Schott Music GmbH & Co. KG, Mainz

2. Guten Morgen! Ja, das wünsch' ich dir.
Guten Morgen! Freust du dich mit mir?
Erster Sonnenstrahl, unser Tag beginnt.
Wie schön, dass wir hier heut' gemeinsam sind.

Die Shona sind eine Bevölkerungsgruppe aus verschiedenen Stämmen im heutigen Simbabwe.
Sie haben eine eigene Religion; oberster Gott ist Mwari. Außerdem gibt es zahlreiche Geister, die ver-
schiedene Aufgaben haben (z. B. Regen, Schutz).

INFO

15

BEWEGUNG

Die Gruppe sitzt im Kreis.

Liedtext	Bewegung
Ja ich bin	*auf sich selbst zeigen*
Mit zwei Augen, Nas' und Kinn	*mit dem Zeigefinger auf die entsprechenden Körperteile zeigen*
Guten Tag	*das entsprechende Kind mit Winken begrüßen*

BAND

Variation 1:

Jedes Kind singt seinen Namen und begleitet diesen rhythmisch mit Klanggesten. (Klatschen, Patschen, Schnipsen uvm.)

Variation 2:

Später wird der Name nicht mehr gesungen, sondern ausschließlich die Silbenanzahl geklatscht, gepatscht oder geschnipst.

Variation 3:

Jedes Kind singt seinen Namen und begleitet dies rhythmisch mit einer individuellen Spieltechnik auf der Handtrommel: beispielsweise Wischen, Klopfen auf den Trommelrand o. Ä.
Die Gruppe antwortet sowohl mit dem Namen des Kindes als auch mit der entsprechenden Spieltechnik.

Variation 4:

Der Name wird nun nicht mehr gesungen, sondern ausschließlich die Silbenzahl mit dem Instrument gestaltet.

TIPP

Nutzen Sie dieses Lied zum Kennenlernen in einer neuen Gruppensituation, als Anfangsritual oder für den Morgenkreis. Passen Sie es durch phantasievolles Umtexten individuell an.

Ja, ich bin
J'ai un nom

Melodie und Text: aus Frankreich
deutscher Text: Mathias Metzner

1 / 2

Ja, ich bin, ja, ich bin, mit zwei Au-gen, Nas' und Kinn, ja, ich sag euch, wer ich
J'ai un nom, un pré-non, deux yeux, un nez, un men-ton, dis moi vi - te ton pré

bin, wenn ich mit euch al-len sing: Ja, ich bin
nom pour con - tin - uer la chan - son. Tu t'app - elles

... (Na - men)___ Gu - ten Tag ... (Na - men)___
...(nom) ..... ___ Bon - jour ...(nom) ...... ___

© 2014 Schott Music GmbH & Co. KG, Mainz

In Frankreich ist dieses Lied weit verbreitet. Es wird zu Beginn von Vorschule oder Grundschule zum gegenseitigen Kennenlernen gesungen.

INFO

BEWEGUNG Die Gruppe sitzt oder steht im Kreis.

Liedtext	Bewegung
Klapp eens in je handjes	*in die Hände klatschen*
Op je boze bolletjes	*Hände auf den Kopf legen*
Handjes in dee hoogte	*Hände in die Höhe strecken*
Handjes in je zij	*Hände in die Hüfte stemmen*
Zo varen de scheepjes voorbij	*Schaukelbewegung der Wellen mit dem ganzen Körper nachmachen*

TIPP Das Lied eignet sich gut für Eltern – Kind Gruppen oder für Krippenkinder. Singen oder spielen Sie es zunächst als Kniereiter. Ältere Kinder stellen das Lied im Stehen oder Sitzen alleine dar.

Klatsche in die Hände
Klap eens in je handjes

Melodie und Text: aus Holland
deutscher Text: Mathias Metzner
Bearbeitung: Matthias Metzner

Klat-sche in die Hän - de, froh, froh, froh, leg sie auf den schwe-ren Kopf,
Klap eens in je hand -jes, blij, blij, blij, op je bo - ze bol - le - tje

das geht so. Hän - de in die Hö - he, Hän - de an die Sei - te.
al - le bei. Hand -jes ind de hoog - te, hand -jes in je zij.

So fah - ren die Schif - fe vor - bei!
Zo va - ren de scheep - jes voor - bij!

© 2014 Schott Music GmbH & Co. KG, Mainz

Dieses Lied wird in Holland ursprünglich zum Trösten oder Ablenken gesungen.

INFO

BAND Begleiten Sie dieses Lied als Vorübung zunächst abwechselnd mit Klanggesten:

Liedtext

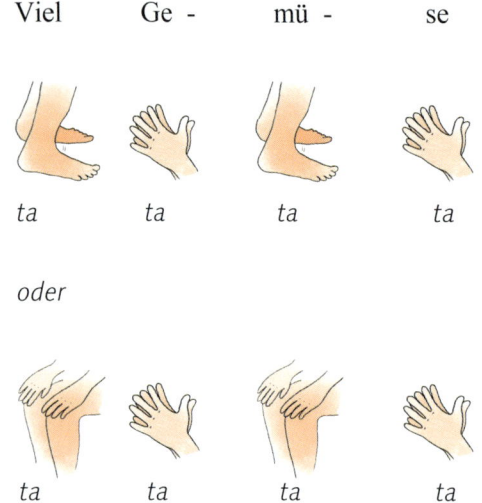

Viel	Ge -	mü -	se
ta	*ta*	*ta*	*ta*

oder

ta	*ta*	*ta*	*ta*

Den Kindern wird es nun leichter fallen, die Begleitung auf Instrumente zu übertragen. Spielen Sie anstelle der Klanggesten z. B. auf einer Handtrommel und Klanghölzern.

Viel	Ge -	mü -	se	musst	du	es -	sen

TIPP Nehmen Sie dieses Lied zum Anlass für Gespräche über unterschiedliche Gemüsesorten und deren Herkunft oder über gesunde Ernährung.

Gemüselied

Zelenchukovi pesen

Melodie und Text: aus Bulgarien
deutscher Text: Daniela Ehwein und Angela Ruck

Viel Ge - mü - se sollst du täg-lich es - sen willst du dei - ne Kräf-te mit uns mes-sen.
Ze -lent -schu -tzi koj-to ne ja - de___ toj go - lam ne schte da pa -ra - ste___

Ro - te Ba -cken sollst du da-von krie-gen sonst wirst du beim Sport ver - lie -ren.
Ne schda i - ma ro -zo -wi stra - ni___ vse - ki schde go po -de - bi.___

© 2014 Schott Music GmbH & Co. KG, Mainz

Dieses „Ernährungslied" ist in Bulgarien sehr beliebt. Gemüse spielt in der bulgarischen Küche eine große Rolle (häufig beginnt das Essen mit einem Salat).

INFO

BEWEGUNG Berühren Sie während des Singens die im Text benannten Körperteile. Singen Sie das Lied immer schneller und lassen Sie auch die Bewegungen dazu immer schneller werden.

SPIEL Spielen Sie eine Musik, zu der die Kinder sich frei im Raum bewegen. (Noch besser: Spielen Sie auf Ihrem Instrument ein Lied, das zu verschiedenen Bewegungsarten passt.) In den Pausen werden den Kindern folgende Aufgaben gestellt:

1. Stehen auf einem Bein
2. Kein Körperteil berührt mehr den Boden.
3. Immer zwei (drei, vier, fünf …) Kinder fassen sich an der Hand.
4. Zwei Kinder berühren sich gegenseitig am Kopf (Schulter, Knie, Fersen).

TIPP Aufgaben wie diese fördern die Wahrnehmung des Körpers und die Koordination.

Kopf und Schultern, Knie und Fersen

Głowa, ramiona, kolana, pięt

Melodie und Text: überliefert

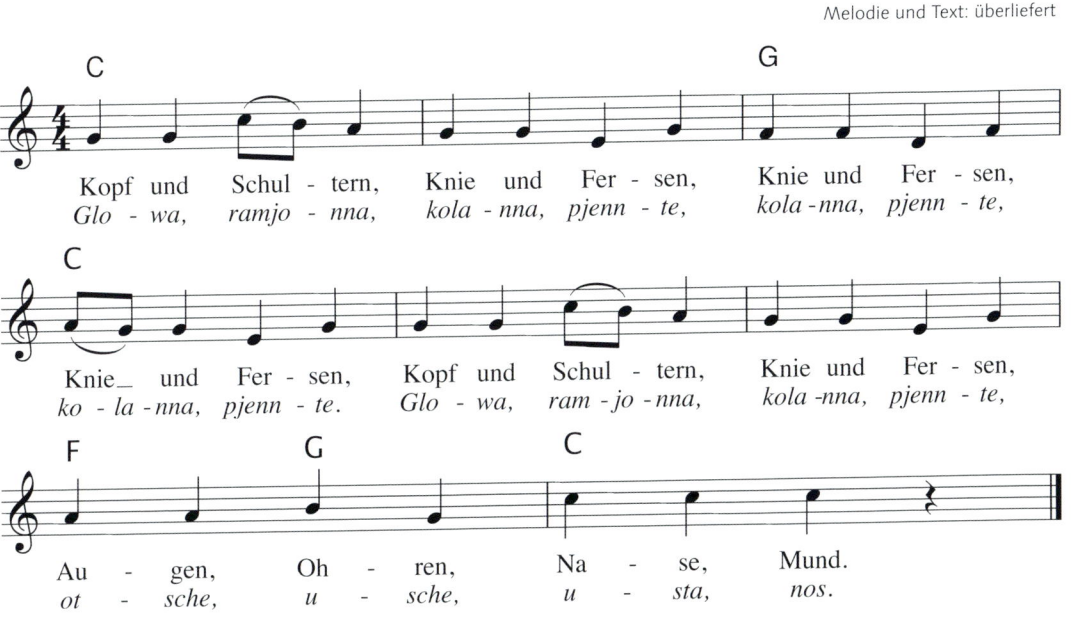

Kopf und Schul - tern, Knie und Fer - sen, Knie und Fer - sen,
Glo - wa, ramjo - nna, kola - nna, pjenn - te, kola -nna, pjenn - te,

Knie und Fer - sen, Kopf und Schul - tern, Knie und Fer - sen,
ko - la -nna, pjenn - te. Glo - wa, ram - jo -nna, kola -nna, pjenn - te,

Au - gen, Oh - ren, Na - se, Mund.
ot - sche, u - sche, u - sta, nos.

Lieder, bei denen Körperteile benannt und berührt werden, sind weit verbreitet und bei Kindern sehr beliebt. Das bekannteste Beispiel in Deutschland ist *Kopf, Schulter, Knie und Fuß* (Siehe S. 57), was diesem Lied textlich zwar sehr ähnelt, sich in der Melodie aber stark unterscheidet.

INFO

BEWEGUNG Teilen Sie die Kinder in zwei Gruppen ein. Lassen Sie die eine Gruppe von Takt 1 bis Takt 8 mit bunten Chiffontüchern Blumen darstellen. Tanzen Sie frei zur Musik und bleiben ab Takt 9 stehen.

Der zweite Teil der Gruppe steht während Takt 1 bis 8 verteilt im Raum.
Ab Takt 9 tanzt dieser Teil der Gruppe frei um die anderen Kinder herum.
Im Refrain tanzen alle „Blumen" und „Kinder".

TIPP Singen Sie das Lied nach dem „Call and Response Prinzip":
Eine Person singt vor, die ganze Gruppe wiederholt.

BAND Begleiten Sie das Lied folgendermaßen mit Rahmentrommeln und Klanghölzern:

Liedtext   **Instrumente**

Es gibt im Blumengarten

ta   *ta ta   ta*

ti   ti   ta ti ti ta

2. bahçelerde ıtrışah (2x)   2. Gute Früchte gibt es viele, (2x)
boyu uzun kendi şah (2x)   süß wie Beeren, scharf wie Chili. (2x)
iki gönül bir olsa (2x)   So sind wir nicht nur niedlich, (2x)
ayıramaz padişah (2x)   sondern recht unterschiedlich. (2x)

Refrain   Refrain

3. bahçelerde kereviz (2x)   3. Grün sind Gurken, gelb sind Möhren, (2x)
biz kereviz yemeyiz (2x)   rot soll auch dazu gehören. (2x)
bize sinoplu derler (2x)   Schöner wird's in uns'rem Leben, (2x)
biz güzeli severiz (2x)   durch die vielen Farben eben. (2x)

Refrain   Refrain

Aussprachehilfe:

Ç,ç: [ʧ]   *gesprochen wie tschechisch*
I,ı   [ɨ]   *wie kommen (als ganz dumpfes und kurzes i)*
Ş: [ʃ]   *wie sch in Schule*

Wir sind alle Kinder
Tini mini hanım

Melodie und Text: aus der Türkei
deutscher Text: Matthias Metzner
Bearbeitung: Matthias Metzner

3 / 4

G

Es gibt im Blu-men-gar-ten, es gibt im Blu-men gar-ten,
Şef ta - li a - ğaç la - rı, şef ta - li a - ğaç la - rı.

C G D G C G D G

Blu-men in tau-send Ar-ten, Blu-men in tau-send Ar-ten.
Tür - lü çi - çek baş - la - rı. Tür - lü çi - çek baş - la - rı.

Das ist bei Kin-dern_ ähn-lich, das ist bei Kin-dern_ ähn-lich,
Yak - tı yan - dır - dı__ be - ni yak - tı yan - dır - dı_ be - ni

C G D G C G D G

je - des ist un - ge - wöhn-lich, je - des ist un - ge - wöhn-lich.
ya - rin hi - lal kaş la - rı, ya - rin hi - lal kaş la - rı.

Du, ich wir sind al - le Kin-der, du und ich und wir sind al - le Kin-der,
Tin, tin, ti - ni mi - ni ha - nım, tin, tin, tin, tin, ti - ni mi - ni ha - nım

C G D G C G D G

hell und dun - kel, groß und klein, still und laut so woll'n wir sein.
se - ni se - vi - yor canım, se - ni se - vi - yor canım.

© 2014 Schott Music GmbH & Co. KG, Mainz

Ursprünglich stammt *Tini mini hanım* aus der Schwarzmeerregion der Türkei. Im Laufe der Zeit sind viele zusätzliche Strophen entstanden. Die erste Strophe in unserer Version beschreibt das Bild des blühenden Gartens, der für Fruchtbarkeit und Wohlstand steht.

INFO

Liedtext	Bewegung
Imse wimse Spinne,	*Linker Daumen und rechter Zeigefinger / rechter Daumen und linker Zeigefinger berühren sich abwechslend und stellen die Kletterbewegung nach oben dar.*
wie lang dein Faden ist.	*Die Hände bewegen sich auseinander und stellen den Faden dar.*
Kam der Regen runter ...	*Die Finger stellen die Regentropfen dar, die Hände bewegen sich nach unten.*
Dann kam die Sonne ...	*Arme und Hände malen eine große Sonne in die Luft.*
Imse Wimse Spinne klettert wieder rauf!	*Linker Daumen und rechter Zeigefinger / rechter Daumen und linker Zeigefinger berühren sich abwechslend und stellen die Kletterbewegung nach oben dar.*

Imse wimse Spinne
La arana pequieñita

Melodie und Text: aus England
deutscher Text: Margarete Jehn

 5 / 6

Im - se wim-se Spin-ne, wie lang dein Fa-den ist. Kam der Re-gen run-ter__
La   ar -ana pe -quie -ñi - ta   su - bió su -bió, su- bió.   Vi - no la llu via__

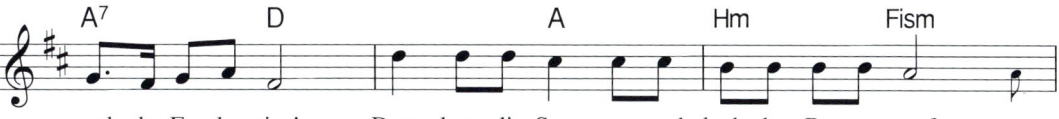

und der Fa-den riss!   Dann kam die Son-ne und leckt den Re-gen auf.
y   se la lle -vó.   sa - lió el sol   y__   to -do lo se -có.   La

Im - se Wim-se Spin - ne   klet - tert wie - der rauf!
ar   aña pe -quie ñi   ta,   su - bió, su - bió, su - bió.

© Imse Wimse Spinne
Text: Magarethe Jehn; Quelle: GEHN WIR AUF DIE REISE
@ 2000 by Autorenverlag Worpsweder Musikwerkstatt

Englisch:
Incy Wincy Spider
climbed up the water spout;
down came the rain
and washed poor Incy out;
out came the sun
and dried up all the rain;
and Incy Wincy Spider
climbed up the spout again.

Schwedisch:
Imse vimse spindel klättrar' upp för trå'n.
Ner faller regnet spolar spindeln bort.
Upp stiger solen, torkar bort allt regn.
Imse vimse spindel klättrar' upp igen!

Französich:
L'araignée Gipsy monte à la gouttière.
Tiens voilà la pluie Gipsy tombe par terre,
mais le soleil a chassé la pluie.
L'araignée Gipsy monte à la gouttière.

Italienisch:
Piccolo ragnetto si arrampica nel tubo
ma la pioggia lo batte giù di nuovo
esce il sole e asciuga il bagnato
piccolo ragnetto comincia da capo.

Das Lied *The Incy Wincy Spider* stammt in dieser Gestalt vermutlich aus den USA. In Deutschland
wird das Volkslied *Spannenlanger Hansel, nudeldicke Dirn* nach derselben Melodie gesungen.

INFO

BEWEGUNG   Die Gruppe sitzt oder steht im Kreis.

Liedtext	Bewegung
Das sind meine kleinen Hände, schwupps, schon sind sie nicht mehr da.	*Hände vor dem Körper drehen und betrachten, bei „schwupps" hinter dem Rücken verstecken.*
Das sind kleine Schmetterlinge, fliegen weg, sind nicht mehr da.	*Schmetterlinge formen, indem die Hände übereinander gekreuzt werden und die Finger wie Flügel bewegt werden, bei „schwupps" hinter dem Rücken verstecken.*
Schnell noch einen Blick durch's Fernglas, schwupps, schon ist es nicht mehr da.	*Hände wie Fernglas formen und vor die Augen halten, bei „schwupps" hinter dem Rücken verstecken.*
Hier das Nest von einem Vogel, schwupps, schon ist es nicht mehr da.	*Hände rund zu einem Vogelnest formen, bei „schwupps" hinter dem Rücken verstecken.*
Ruh dich aus auf einem Kissen, schwupps, schon ist es nicht mehr da.	*Hände wie zum Schlafen an die Wangen halten, bei „schwups" hinter dem Rücken verstecken.*

BAND   Variieren und/oder begleiten Sie den Text mit einfachen Rhythmen auf Instrumenten oder mit Klanggesten (klatschen oder stampfen).

Beispielsweise:

Liedtext	Begleitung
Das sind meine kleinen Hände	
ta ta ta ta	

Das sind meine Hände

Queste son le mie manine

Melodie und Text: aus Italien

deutscher Text: Daniela Ehwein und Angela Ruck

Das sind mei-ne klei nen Hän-de, schwupps schon sind sie nicht mehr da. Das sind
Que-ste son le mie ma-ni-ne son spa-ri-te non c'é più! Que-ste

klei - ne Schmet-ter-lin-ge flie-gen weg, sind nicht mehr da.
son le far-fa-lli-ne, son spa-ri-te non c'é più!

© 2014 Schott Music GmbH & Co. KG, Mainz

2. Schnell noch einen Blick durch's Fernglas,
schwupps, schon ist es nicht mehr da.

3. Hier das Nest von einem Vogel,
schupps, schon ist es nicht mehr da.

4. Ruh' dich aus auf einem Kissen,
schupps, schon ist es nicht mehr da.

Mit diesem Fingerspiel werden musikalische Formen visualisiert und gleichzeitig Sprache und Feinmotorik miteinander verknüpft. Fingerspiele sprechen besonders kleine Kinder an und stellen einen leichten Einstieg in einfache Verse und Reime dar.

INFO

BEWEGUNG

Vertonen Sie die einzelnen Bären mit bestimmten Klanggesten,
z. B. Papabär = Stampfen, Mamabär = Patschen und Babybär = Klatschen.
Wenn die Körper-Klanggesten gut einstudiert wurden, ist es möglich,
das Lied auf Instrumenten zu begleiten.

Beispiel: Pauke (Stampfen), Handtrommel (Patschen) und Klanghölzer (Klatschen)

Liedtext	Begleitung	Instrument
In ei - nem Haus da gibt es drei Bä - ren *ta ti ti ta ta, ta ti ti ta ta*		
Pa - pa Bär, Ma - ma Bär, Ba - by Bär. *ti ti ta ti ti ta ta ta ta*		
Pa - pa Bär ist ganz schön schwer, *ta ta ta ta ta ta tao*		
Ma - ma Bär ist nicht so schwer, *ta ta ta ta ta ta tao*		
Ba - by Bär ist zucker - zucker süß. *ta ta ta ta ta ta tao*		
Eusseug Eusseug, jal han - da. *ta ta ta ta ta ta tao*		

30

Drei Bären
Gom se mari

Melodie und Text: aus Korea
deutscher Text: Daniela Ehwein, Angela Ruck

7 / 8

In ei-nem Haus da gibt es drei Bä-ren. Pa-pa Bär, Ma-ma Bär Ba - by Bär.
Gom se ma - ri - ga han ji -be is - seo Ap -pa gom eom -ma gom Ae - gi gom.

Pa - pa Bär ist ganz schön schwer Ma - ma Bär ist nicht so schwer,
Ap - pa Gom ttung ttung - hae Eom -ma Gom -eun nal - ssin -hae,

Ba - by Bär ist zu-cker zu-cker süß. Eus-seug, eus-seug, jal han - da.
Ae - gi Gom eun neo -mu gui -yeo -wo. Eus-seug Eus-seug jal han -da.

© 2014 Schott Music GmbH & Co. KG, Mainz

Dieses traditionelle Kinderlied stammt aus Südkorea. Im Jahre 2004 wurde es durch die Fernsehserie *Full House* international bekannt. In Südkorea wird das Lied vorwiegend zur Prävention gegen Gewalt in der Schule gesungen, in Nordkorea ist es darüber hinaus auch im Zusammenhang mit den drei Diktatoren (*Drei Bären*) der jüngsten Geschichte des Landes bekannt.

INFO

SPIEL Ein Kind wird als „gold'ner Papagei" ausgewählt und darf einen Gegenstand überbringen. Die Lehrkraft sitzt zusammen mit den anderen Kindern im Kreis und alle singen gemeinsam die Strophen des Liedes. Das ausgewählte Kind fliegt mit Flügelbewegungen um den Kreis herum. Am Ende der Strophe legt es den Gegenstand hinter den Rücken eines anderen Kindes. Dieses Kind ist nun der Papagei.

TIPP Basteln Sie einen passenden Federkopfschmuck.

Material:

Tonpapier, gelbes Kreppband, gelbe Federn, Tacker, Schere, Klebstoff

Bastelanleitung:

Basteln Sie aus zusammen getackerten Tonpapierstreifen ein Kopfband und befestigen Sie daran beliebig gelbe Federn und Kreppband zur Dekoration.

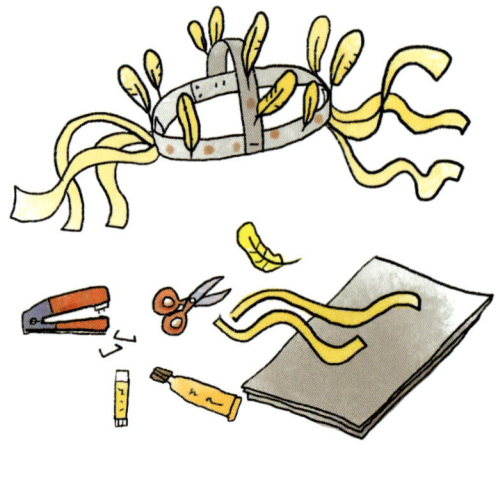

Gold'ner Papagei
Papagaio loiro

9 / 10

Melodie und Text: aus Portugal
deutscher Text: Daniela Ehwein

Gol - dner Pa - pa - gei,____ mit dem gel - ben Schna - bel.
Pa - pa - gai - o loi -ro. *De bi - co doi - ra - do.*

Flie - ge schnell her - bei und nimm den Brief von mir.
Le - va mees -ta car - ta. *Ao meu na -mo - ra -do.*

© 2014 Schott Music GmbH & Co. KG, Mainz

2. Bring ihn meinem Liebsten,
auf der and'ren Seite,
der so schön ist wie kein
and'rer den ich kenn.

3. Flieg zur and'ren Seite
auf zum and'ren Ort,
gold'ner Papagei,
fliege schnell hinfort.

2. Ele não é frade
Nem homem casado
É rapaz solteiro
Lindo como o prado

3. Papagaio Loiro
De bico doirado
Leva-me esta carta
para o outro lado

Dieses Lied eignet sich besonders im Hinblick auf die Darstellungen von Größenverhältnissen mit Bewegung und Gestik. Die Figuren des Liedtextes regen Kinder in besonderem Maße zu bildhafter Darstellung an. Die eingängige Melodik lässt sich leicht einstudieren und mit Orff-Instrumenten begleiten.

INFO

SPIEL Erzählen oder singen Sie die Geschichte und lassen Sie die Kinder diese mit verteilten Rollen nachspielen. Es bietet sich an, Masken und Kostüme selbst zu gestalten.

Geschichte

„Das Häschen hatte den ganzen Tag mit einem Rehkitz im Wald gespielt.
Als die Sonne unterging und es dunkel wurde, merkte das Häschen, wie spät es geworden war. Es eilte so schnell es konnte nach Hause. In der Dunkelheit konnte es jedoch den Weg nicht mehr finden. Da setzte sich das kleine Häschen an den Wegesrand und weinte bitterlich, denn es war niemand da, den es nach dem Weg fragen konnte. Dann kam ein Glühwürmchen und wies ihm den Weg zu seiner lieben Mama."

Mögliche Rollen

Häschen, Rehkitz, Bäume, Sonne, Dunkelheit, Glühwürmchen, Mama Hase

SPIEL Der Heimweg des Häschens eignet sich außerdem für ein Führen-und-Folgen-Spiel:

Die Gruppe wird in Paare mit Häschen und Glühwürmchen aufgeteilt (bei jüngeren Kindern sollte zunächst nur ein Paar beginnen).

Dem Kind, welches das Häschen spielt, werden die Augen verbunden. Zunächst sollte das Glühwürmchen das Häschen an der Hand durch den Raum führen. Ist so eine Vertrauensbasis entstanden, wird in der nächsten Runde ohne Hände gearbeitet. Das Glühwürmchen erhält nun ein Instrument, dessen Klängen das Häschen folgt.

Bei mehreren Pärchen sollte darauf geachtet werden, dass sich die Instrumente in ihren Klängen stark unterscheiden (etwa: ein Paar Fellklinger [Trommel], ein Paar Metallklinger [Triangel], ein Paar Holzklinger [Klanghölzer] etc.).

Freches Häschen
Zajchentzeto bialo

Melodie: Peter Stupel (1923-1997) Text: Leda Mileva (1920-2013)
deutscher Text: Daniela Ehwein und Angela Ruck

Fre - ches Häs - chen läuft Ga - lopp, quer - feld - ein im Wald hopp hopp
Zaj - chen - ce - to bja - lo cjal den si___ i - gra - lo -

trifft ein klei - nes Reh - lein tanzt und springt he - rum fein, den
-to bliz - ka - ta go - rich - ka, sis ed - na sir - nich - ka.

lie - ben lan - gen Tag, bis Reh - lein nicht mehr mag.
Bliz - ka - ta go - rich - ka sis ed - na sir - nich - ka.

Zaitchentzeto bialo, Music by Peter Issaev Stupel, Lyrics by Leda Geo Mileva, Arrangements made by Philippe Delettrez
© 2000 SM Publishing/Sylvie Songs

2. Häschen läuft tief in den Wald,
langsam wird ihm bitterkalt.
Der Mond war schon zu sehen,
die Sonn' wollt untergehen.
Dem Häschen wurde klar,
wie spät es plötzlich war.

3. Armes Häschen eilt geschwind,
wenn ich doch den Weg nur find'.
keine hellen Sterne
funkeln ihm von ferne.
der Weg war nicht zu seh'n,
da blieb es einfach steh'n.

4. Plötzlich in der Dunkelheit,
strahlt und leuchtet es von weit,
klein kommt es geflogen, glüht hell ungelogen,
und führt das Häschen heim,
ja, wer kann das wohl sein?
(Das Glühwürmchen)

2. Vetche se stemnilo Slenceto se skrilo.
Zajcheto razbralo Che e zak e snjalo.

3. Huknalo da bjaga Kakto mu priljaga.
No vev temninata Sberkalo sledata.

4. Sednalo da platche Malkoto junatche.
Na kogo da kache Pet de mu pokasche.

5. Ej vef te mninata S lampichka v rekata.
Malkata svetulka Na shhuretse bulka.

6. Zajcheto vidjala Petja mu ogrjala.
Otishlo pri zajka Svojta mila majka.

INFO

Das Lied basiert auf dem gleichnamigen Kinderbuch *Zajchenceto bialo* (zu Deutsch: „Kleines weißes Häschen" der in Bulgarien sehr bekannten Autorin Leda Mileva und zählt dort zu den beliebtesten modernen Werken für Kinder. Peter Stupels Musik machte daraus ein ebenso beliebtes Kinderlied.

BEWEGUNG Wenn Sie weitere Bewegungsarten und Verhaltensweisen erfinden möchten, muss der Anfang des Liedes geändert werden.

Beispielsweise:

1. Leis' schleicht mein Kätzchen und summt dabei …

2. Mein Kätzchen kuschelt und schnurrt dabei …

3. Saust hinterm Ball her und singt dabei …

Die Kinder bewegen sich wie das Kätzchen zum Lied frei durch den Raum. Gemeinsam werden Bewegungsarten des Kätzchens ausprobiert und erweitert.

Das Kätzchen

Wlazł kotek na płotek i mruga

Melodie und Text: aus Polen
deutscher Text: Mathias Metzner

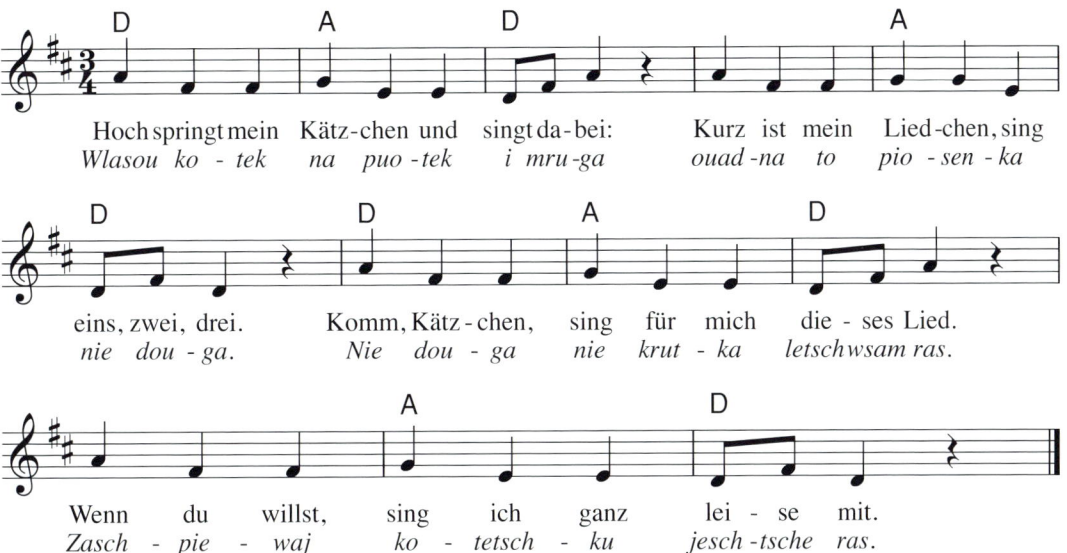

Hoch springt mein Kätz-chen und singt da-bei: Kurz ist mein Lied-chen, sing
Wlasou ko - tek na puo -tek i mru -ga ouad -na to pio - sen - ka

eins, zwei, drei. Komm, Kätz-chen, sing für mich die - ses Lied.
nie dou - ga. Nie dou - ga nie krut - ka letsch wsam ras.

Wenn du willst, sing ich ganz lei - se mit.
Zasch - pie - waj ko - tetsch - ku jesch -tsche ras.

© 2014 Schott Music GmbH & Co. KG, Mainz

INFO

Dem Lied *Das Kätzchen* liegt eine bekannte polnische Melodie aus der ersten Hälfte des 19. Jahrhundert zugrunde.

BEWEGUNG

Mit der folgenden „Katzenwäsche" trainieren Kinder spielerisch Ausdruck und Körper-gefühl. Die Gruppe sitzt im Kreis. Auf den Knien zusammengekauert heraus erwachen „die Katzen" langsam aus ihrem Schlaf. Anhand des Liedtextes werden die einzelnen Stropheninhalte im Takt verkörpert. Der Abschnitt „Schnurr, schnurr, schnurr" wird nur gesungen und das „rrrrr" gerollt.

Liedtext	Bewegung
1. Strophe	*abwechselnd „die Pfoten" lecken*
2. Strophe	*Die Hände streichen über den Rücken, den Bauch, die Augen und die Ohren.*
3. Strophe	*sich in den Vierfüsslerstand begeben und abwechseld die Beine und Arme austrecken, anschließend einen Katzenbuckel bilden und ins Hohlkreuz übergehen*
4. Strophe	*fauchend die Pfoten mit ausgefahrenen Krallen nach vorne strecken*

TIPP

Ergänzen Sie das Thema „Katzen" durch weitere Spiele und Bewegungseinheiten.

Beispielsweise:
Die Kinder bewegen sich als Katzen zu improvisierter Musik durch den Raum. Ertönt eine andere Musik, verwandeln sich alle Kinder in Mäuse und flitzen durch den Raum. Begleiten Sie dies auch durch einfache Trommelschläge. Langsame Schläge für die Kat-zen und schnelle, leise Schläge zur Begleitung der Mäuse.

Katzenwäsche
Los Gatitos

Melodie: Carl Reinecke (1824-1910); Text: aus Portugal

deutscher Text: Ulrike Winter

Schnurr, schnurr, schnurr, Kätz - chen schnurrt und schnurrt.
Ron, ron, ron, ha - cen ron, ron, ron.

Kätz-chen leckt und muss sich wa-schen und sich hübsch zum Aus-flug ma-chen.
Los ga - ti - tos al - la var - se ya - su mo - doen ga - la nar - se,

Schnurr, schnurr, schnurr, Kätz - chen schnurrt und schnurrt.
ron, ron, ron, ron sin inte - rrup - ción.

© 2014 Schott Music GmbH & Co. KG, Mainz

2. Schnurr, schnurr, schnurr,
Kätzchen schnurrt und schnurrt.
Leckt den Rücken und den Bauch,
Pfoten, Augen, Ohren auch.
Schnurr, schnurr, schnurr,
Kätzchen schnurrt und schnurrt.

3. Schnurr, schnurr, schnurr,
Kätzchen schnurrt und schnurrt.
Dann die Beine kräftig recken,
Buckel in die Höhe strecken.
Schnurr, schnurr, schnurr,
Kätzchen schnurrt und schnurrt.

4. Chrr, chrr, chrr,
Kätzchen schnurrt nicht mehr.
Kätzchen faucht und will auch kratzen,
droht mit seinen Vordertatzen.
Chrr, chrr, chrr,
Kätzchen faucht gar sehr.

2. Ron, ron, ron; hacen ron, ron, ron,
sus paritas remojando
piel y oréjas atusando
ron, ron, ron, esta se su canción.

3. Ron, ron, ron; hacen ron, ron, ron,
y se encorvan entamente,
simulando ser un puente,
ron, ron, ron, dando el estirón.

4. Ron, ron, ron; hacen ron, ron, ron,
y presentan enfadados
sus bigotes encrespados
ron, ron, ron, est es su canción

Die Melodie von *Los Gatitos* entspricht der
Melodie des bekannten Kinderliedes *Summ Summ
Summ* von Carl Reinecke (1824 - 1910).

INFO

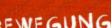 Kleiner Vogel *Mini mini bir kuş*

Variante 1

Die Kinder sitzen im Kreis und singen das Lied. Zum Ende des Liedes („ … singt und zwitschert …") wird ein Kuscheltier (Vogel) an das Nachbarkind im Kreis weitergegeben.

Variante 2

Die Kinder sitzen im Kreis und singen das Lied. Ein Kind wird ausgewählt und „der kleine Vogel" erhält bunte Tücher als Flügel, die zum Ende des Liedes weitergegeben werden. Das Lied wird gesungen und das Kind fliegt als Vogel zur Bezugsperson der Gruppe. Der Name des Kindes ersetzt das Wort „Vogel" im Liedtext. Wenn es im Text wieder heißt „ … singt und zwitschert …", fliegt das Kind zurück zu seinem Platz.

Variante 3

Die Kinder sitzen im Kreis und singen das Lied. Alle Kinder sind Vögel und haben bunte Tücher als Flügel. Zum Ende des Liedes fliegen sie frei durch den Raum, landen zu einem verabredeten Signal auf ihrem Platz und das Spiel beginnt von vorn.

BAND

Begleiten Sie das Lied im Grundschlag (Klatschen und Patschen) oder mit Klanghölzern, Shakern und Handtrommeln:

Liedtext	Bewegung	Instrument
Armer kleiner Vogel, frierst du sehr?		
ta *ta ta ta*		

Kleiner Vogel
Mini mini bir kuş

Melodie und Text: aus der Türkei
deutscher Text: Mathias Metzner; Bearbeitung: Mathias Metzner

Ar-mer klei-ner Vo-gel, frierst du sehr? Komm zu mir, ich wärm dich auf.
Mi-ni mi-ni bir kuş don-muş tu? Pen-ce-re-me kon-muş-tu?

Zilp, zalp, … … singt er wie-der, zilp, zalp, … … sei-ne Lie-der,
Al-dım o-nu i-çe-ri-ye. Cik cik cik cik öt-sün di-ye.

singt und zwit-schert, fliegt hi-naus, still ist's jetzt in mei-nem Haus.
Pır-pır eder-ken can-lan-dı el-le-rim bak boş kal-dı.

© 2014 Schott Music GmbH & Co. KG, Mainz

Der „Zilpzalp" oder Weidenlaubsänger gehört zu den kleinen und häufigsten Vogelarten Europas. Er gehört zu der Familie der Laubsänger und ist mit seiner olivgrünen Färbung oft in Feldgehölzern, größeren Gärten oder Parks anzutreffen. Sein Name leitet sich von seinem Gesang ab.

INFO

TANZ Die Gruppe sitzt im Kreis. Alle lassen, wie in den einzelnen Strophen gesungen, ihre Körperteile „verschwinden".

Liedtext	Bewegung
1. Strophe	*die Ohren mit den Händen bedecken*
2. Strophe	*die Hände hinter den Rücken halten*
3. Strophe	*die Augen zuhalten*

TIPP yelkenin bedeutet eigentlich „Segel", wird hier aber mit „Hände" übersetzt.

Aussprachehilfe:

Ç,ç:	[tʃ]	*gesprochen wie tschechisch*
Ğ,ğ:	[:]	*dehnt den vorangegangenen Vokal*
I,ı:	[i]	*wie kommen (als ganz dumpfes und kurzes i)*

Kleines Fröschlein
Küçük kurbağa

Melodie und Text: aus der Türkei
deutscher Text: Mathias Metzner; Bearbeitung: Mathias Metzner

Klei - nes Frösch-lein, quak, quak, dei - ne   Oh - ren sind ver-schwun - den,___
Quak, quak, quak, quak, ...
Kü - çük kur - bağa kü - çük kur - bağa kuy - ru - ğun ne - re - de ___
Ku vak ......

oh - ne Oh - ren, oh - ne Oh - ren schwimmst du dei - ne Run - den.___
Quak, quak, quak, quak, ...
kuy - ru - ğum yok, kuy - ru - ğum yok yü - ze - rim de - re - de.___
ku vak ......

© 2014 Schott Music GmbH & Co. KG, Mainz

2. Kleines Fröschlein, quak, quak,
deine Hände sind verschwunden,
ohne Hände, ohne Hände schwimmst du
deine Runden.
Quak quak quak, quak quak quak … (2x)

2. Küçük kurbağa, küçük kurbağa,
kulağın nerede?
Kulağım yok kulağım yok yüzerim derede
Kuvak vak vak kuvak vak vak kuvak kuvak
kuvak (2x)

3. Kleines Fröschlein, quak, quak,
deine Augen sind verschwunden,
ohne Augen, ohne Augen schwimmst du
deine Runden.
Quak quak quak, quak quak quak … (2x)

3. Küçük kurbağa, küçük kurbağa,
yelkenin nerede?
Yelkenim yok yelkenim yok yüzerim derede
Kuvak vak vak kuvak vak vak kuvak kuvak
kuvak (2x)

Das Lied ist durch die große Ähnlichkeit in Text und Melodie leicht mit dem Lied *Die Fröschelein, die Fröschelein, die sind ein lustig Chor* zu verwechseln.

INFO

SPIEL Die Kinder übernehmen die Rollen von Noah und den genannten Tieren und machen sich in einer langen Schlange auf den Weg zur Arche. Das Nachahmen der Tiere erfolgt durch Bewegungen, aber auch über die Stimme.

SPIEL Ein Kind verlässt den Raum. Immer zwei Kinder einigen sich in der Zeit auf ein Tier und die Gruppe verteilt sich im Raum. Nun darf das Kind wieder hereinkommen und die Kinder nacheinander auffordern, ihr ausgewähltes Tier nachzuahmen. Auf diese Weise ordnet das Kind die zusammengehörigen Paare einander wieder zu.

TIPP Nehmen Sie dieses Lied zum Anlass, über die biblische Geschichte zu sprechen.

Nachdichtung
2. Da machten sich die Tiere auf den Weg.
Nun schnell, bevor die Wolke kommt, sonst ist es zu spät.
Als die ersten Tropfen fallen, da kann Noah nicht mehr warten,
das Schiff legt ab und Noahs große Reise kann starten.

3. Und als das Schiff das große Meer überbrückt,
da hält der gute Noah die Rettung für geglückt.
Hat denn Noah wirklich alle Tiere mit auf's Boot gebracht?
O nein, denn niemand hat mehr an die Einhörner gedacht.

2. E mentre salivano gli animali
Noè vide nel cielo un grosso nuvolone
e goccia dopo goccia a piover cominciò:
„Non posso più aspettare l'arca chiuderò."

3. E mentre continuava a salire il mare
e l'arca era lontana con tutti gli animali
Noé non pensò più a chi dimenticò:
da allora più nessuno vide i due liocorni.

Noahs Arche

L´arca di Noè

13 / 14

Melodie und Text: aus Italien
deutscher Text: Angela Ruck

Swing

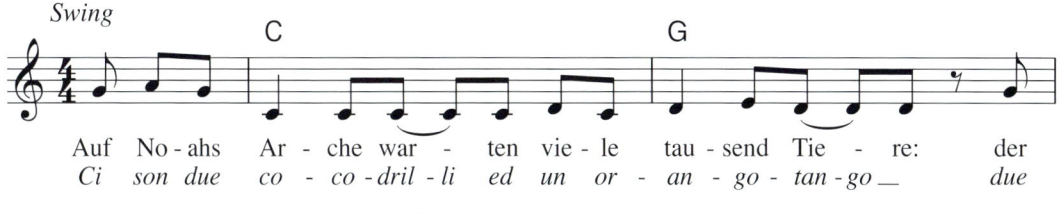

Auf No-ahs Ar - che war - ten vie-le tau-send Tie - re: der
Ci son due co-co-dril-li ed un or - an - go-tan-go ___ due

Af-fe und der Ka-ka-du, auch Pa-pa-gei und Kän-gu-ru, die Mäu-se und die Läu-se, die
pic-co-li ser-pen-ti-e un a-qui-la re-a-le, ga-tto, to-po, l`e-le-fan-te: non

Flie-gen und die Zie-gen, lei-der sind die Ein-hör-ner zu Hau-se ge-blie-ben. Und
man-ca più nes-su-no; so-lo non si ve-do-no i due leo cor-ni. ___ Un

No - ah ging zu al-len Tie-ren im Wald: „Ich bau-e ei-ne Ar-che,
di No-è nel-la for-res - ta andò. E tutti gli a-ni-ma-li

denn die Flut kommt bald! Los! Be - eilt euch, denn die Zeit wird knapp", sprach
volle in-torno a sè: "Il Sig-nore é ar-ra-bia-to il di-

No - ah dann sehr wei-se: „Ich neh-me al-le Tie-re mit auf mei-ne Rei-se".
lu-vio man-de-rà: voi non ne ave-te col-pa. io vi sal-ver-ò. ___

© 2014 Schott Music GmbH & Co. KG, Mainz

INFO

In der Bibel war die Arche 300 Ellen lang, 50 Ellen breit und 30 Ellen hoch. Auch heute wird im Schiffs-bau das Verhältnis 6:1 noch verwendet. Es gibt unterschiedliche Spekulationen und Berechnungen da-rüber, wie viele Zentimeter eine Elle nach irdischem Maß gehabt hätte.

BAND

Entwickeln Sie aus dem Sprachrhythmus des letzten Taktes der ersten Strophe einen Rhythmus, der als Vorspiel, Nachspiel und als Zwischenspiel zwischen den Strophen musiziert wird.

Liedtext	Instrument

Was Beson - d'res sein

ti   ti ti   ti   tao

E   E H   H E

E H

Pause   *ta*

TIPP

Spielen Sie das Lied auch mit verteilten Rollen. In Strophe 1 und 2 singen alle Kinder, in Strophe 3 singt teilweise der Fuchs und in Strophe 4 der Esel. Dazu kommt noch ein kleines Ensemble für die Vor-, Zwischen- und Nachspiele.

Der Esel
O Gaidaros

15 / 16

Melodie und Text: aus Griechenland
deutscher Text: Mathias Metzner
Bearbeitung: Mathias Metzner

Der Stall ge-fiel dem E - sel nicht. Er war ihm viel zu klein. Er wollt' so gern, er wollt' so gern
I -tan é -nasgái -da -ros me me -gál af -tiá to pach -ni den tá - re -se

was Be-son-d'res sein, was Be - son-d'res sein, was Be - son-d'res sein.
i - thel´ ar -chon -tiá i - thel´ ar -chon -tiá i - thel´ ar -chon -tiá

© 2014 Schott Music GmbH & Co. KG, Mainz

2. Er macht sich hübsch,
läuft hin und her, auf dass ihn alle seh'n,
er ist so stolz, er freut sich sehr,
jetzt find't er sich schön,
schön, so schön, so schön,
schön, so schön, so schön.

3. Auf seinem Weg da trifft er
einen Fuchs, der sagt zu ihm:
„Du Eselchen, du Eselchen,
wo willst Du hingeh'n?
Wohin, wohin, wo?
Wohin, wohin, wo?"

4. Ich sag's dir nicht, ich sag's dir nicht,
wohin denn ich jetzt geh,
weil du mich ja nur ärgern willst,
geh ich aus dem Weg,
ich dir aus dem Weg,
ich dir aus dem Weg.

Transliteration

2. Ithele i mouri tou
Na forési séla
Ke na kamrónete
Me to sire ki ela

3. Sto drómo pou épigene
Die mi´alepoù
Gaidare, ton rótise gaidare
Gaidare, gia pou
Gai pou, gia pou, gia pou.

4. De sou léo, alepóu
Ti drómo the na páro
Tin kaki ti sképsi sou
Tin xéro kira máro

INFO

Der Esel zeigt in diesem Lied, wie man einer Provokation aus dem Weg gehen kann.

BAND

Gestalten Sie ein Vor-, Zwischen- und Nachspiel mit dem wichtigsten rhythmischen Baustein des Liedes: *ta titi ta ta*.
Mögliche Instrumente dafür sind: Handtrommeln oder Klanghölzer.

Liedtext   **Instrument**

Nein kleiner Hase
ta   titi   ta ta

Nein, nein, nein
ta   ta   tao

TIPP

Klatschen Sie als Zwischenschritt zum Instrumentalspiel den Rhythmus analog zum Sprachrhythmus.

Kleiner Hase
Ach kouneláki

Melodie und Text: aus Griechenland
deutscher Text: Mathias Metzner; Bearbeitung: Mathias Metzner

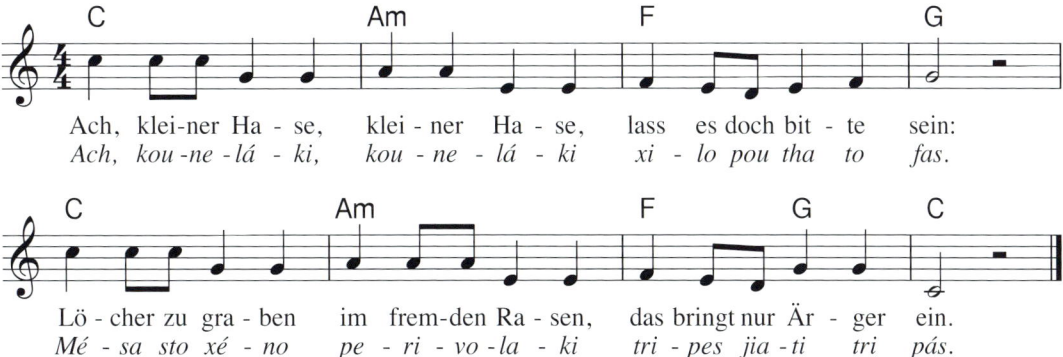

Ach, klei-ner Ha - se, klei - ner Ha - se, lass es doch bit - te sein:
Ach, kou -ne -lá - ki, kou - ne - lá - ki xi - lo pou tha to fas.

Lö - cher zu gra - ben im frem-den Ra - sen, das bringt nur Är - ger ein.
Mé - sa sto xé - no pe - ri - vo -la - ki tri -pes jia -ti tri pás.

© 2011 Schott Music GmbH & Co. KG, Mainz

2. Rümpf nicht die Nase, kleiner Hase,
halt deine Ohren still.
Lass das Zwinkern mit deinen Augen,
weil ich dich malen will. (2x)

Transliteration

2. Mésa sto xéno perivoláki.
Tripes jiati tripás.
Ach, kouneláki, kouneláki
xilo pou tha to fas. (2x)

3. Mi mou soufrónis ti mititsa.
Mi mou kounás t´aftiá.
Mi mou to kliinis to matáki
ise mia zografiá. (2x)

Hasen und Kaninchen unterscheiden sich dadurch, dass Hasen meist längere Ohren und kräftigere Hinterbeine haben als Kaninchen. Die Kaninchen sind es jedoch, welche die im Lied genannten Erdbauten graben.

INFO

BEWEGUNG Die Gruppe sitzt oder steht im Kreis.

Liedtext	Klanggestaltung
Igel	*Das Wort Igel wird durch rhythmisches Schnalzen mit der Zunge ersetzt.*
Wiesel	*Das Wort Wiesel wird durch „ssssst" ersetzt.*
Schritt für Schritt	*im Sprachrhythmus auf die Schenkel patschen*

TIPP Das Lied ist gut für Eltern – Kind Gruppen oder Krippenkinder geeignet, da es auf einfache Weise zu Varianten in der Gestaltung einlädt.

Die Igel
La famille tortue

Melodie und Text: Léon Robert Brice (1936-1972)
deutscher Text: Mathias Metzner

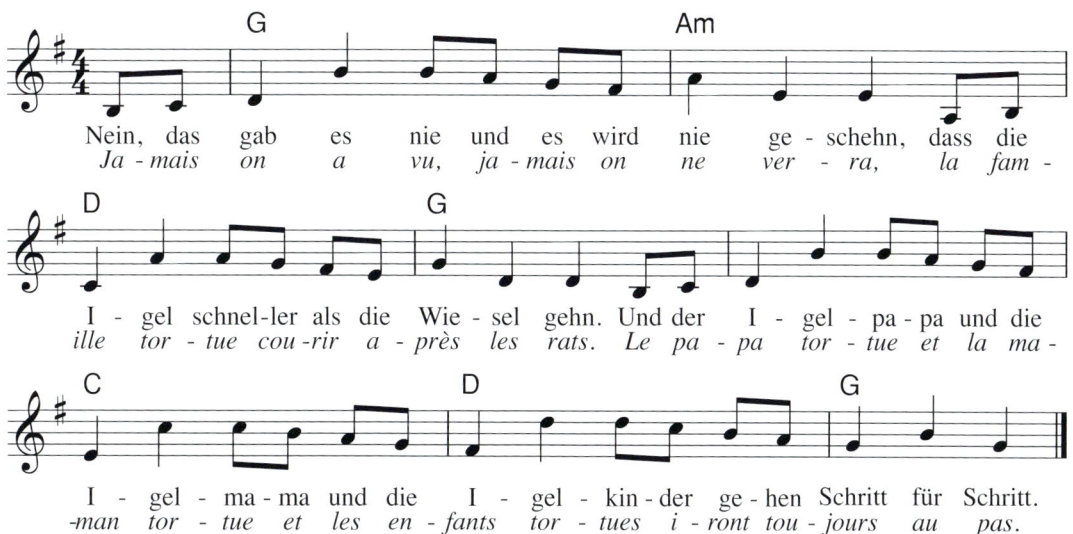

G   Am

Nein, das gab es nie und es wird nie ge-schehn, dass die
Ja-mais on a vu, ja-mais on ne ver-ra, la fam-

D   G

I-gel schnel-ler als die Wie-sel gehn. Und der I-gel-pa-pa und die
ille tor-tue cou-rir a-près les rats. Le pa-pa tor-tue et la ma-

C   D   G

I-gel-ma-ma und die I-gel-kin-der ge-hen Schritt für Schritt.
-man tor-tue et les en-fants tor-tues i-ront tou-jours au pas.

© 2014 Schott Music GmbH & Co. KG, Mainz

Im französischen Original wird eine Schildkröte mit einer Ratte verglichen. Hier besteht das Lied nur aus einem Refrain, zu dem mehrere Strophen gesprochen werden. In der deutschen Version wurden die Schildkröten durch Igel und die Ratte durch das Wiesel ersetzt.

INFO

SPIEL

Die Gruppe sitzt im Kreis.

Jeder hat ein Tuch auf dem Schoß. Eines der Kinder wird ausgewählt und spielt auf einem kleinen Becken oder einem ähnlichen Instrument.

Liedtext	Bewegung
1. Strophe	*Ein Tuch wird im Uhrzeigersinn weitergegeben. Alle versuchen, genau zum Ende der Strophe am Ausgangspunkt anzukommen.*
2. Strophe	*Jetzt wandert das Tuch gegen den Uhrzeigersinn.*
3. Strophe	*Jeder hält sein Tuch zwischen beiden Händen und öffnet diese so, dass das Tuch wie eine Rose daraus hervorkommt.*
4. Strophe	*Ein Kind spielt bei so**dann** auf einem kleinen Becken.*
5. Strophe	*Mit den Tüchern hin- und herwedeln, bei der Wiederholung das Tuch in die andere Hand nehmen.*
6. Strophe	*Die Tücher in die Luft werfen.*

anspruchsvolle Version für Kinder ab 5 Jahren

Die Gruppe sitzt oder steht im Kreis.

Handfassung: Linke Hand liegt jeweils auf rechter Hand des linken Nachbarn.

Liedtext	Bewegung
Die kleinen Tauben von Katrina, *ta* *ta*	
flogen gern von Hand zu Hand. *ta* *ta*	*Auf den Taktschwerpunkt „wandert" ein Klatscher von einem Kind zum anderen im Kreis herum: Jeder schlägt nacheinander einmal in die Hand seines rechten Nachbarn.*

SPIEL

Die Kinder werden in zwei Gruppen aufgeteilt. Jeweils ein Kind fliegt als Taube von einer Gruppe zur anderen. Vorher wird ihm mit einem Instrument ein Ton entweder vorgespielt (z. B. auf einer Gitarre) oder vorgesungen. Diesen Ton merkt es sich und gibt ihn, bei der anderen Gruppe angekommen, weiter. Es ist auch möglich, ihm ein Instrument mit auf den Weg zu geben, z. B. einen Klangbaustein oder Klanghölzer.

Die Tauben von Katrina
As pombinhas da Cat'rina

Melodie und Text: Portugal
deutscher Text: Daniela Ehwein und Angela Ruck
Bearbeitung: Daniela Ehwein und Angela Ruck

Die klei - nen Tau - ben von Ka - tri - na flo - gen gern von Hand zu Hand. Die klei - nen
As pom - bin - has das Ca - t'ri - na an - da - ram de mao e mão. As pam -

Tau - ben von Ka - tri - na flo - gen gern durch's gan - ze Land.
bin - has das Ca - t'ri - na an - da - ram de mão e mão.

Sind zum Bau - ern - hof ge - flo - gen, statt zum Turm von Sankt Jo - hann,
Fo - ram ter a quin - ta no - va ao pom - bal de São Jo - ão.

sind zum Bau - ern - hof ge - flo - gen, statt zum Turm von Sankt Jo - hann._
Fo - ram ter a quin - ta no - va ao pom - bal de São Jo - ão. __

© 2014 Schott Music GmbH & Co. KG, Mainz

2. Sind zum Bauernhof geflogen,
statt zum Kirchturm Sankt Johann. (2x)

3. Zum Bauernhof mit roten Rosen,
nah dem Kirchturm Sankt Johann. (2x)

4. Wurd' geschickt zum Wasser holen,
doch der Krug brach mir sodann. (2x)

5. Meine Mutter wurd' nicht böse,
ich bin noch ein kleines Kind. (2x)

6. Und die Tauben flogen weiter,
wo auch immer sie jetzt sind. (2x)

2. Foram ter a Quinta Nova,
ao pombal de São João. (2x)

3. Ao pombal de São João
Á Quinta da Roseirinha. (2x)

4. Minha mãe Mandou me à fonte
E eu parti a cantarinha. (2x)

5. Ó minha mãe não me bata
Que eu inda sau pequenina. (2x)

6. Tenho quatro ou cinco anos
Inda sou uma criancinha. (2x)

In der biblischen Geschichte der Arche Noah wird eine Taube als Kundschafter ausgesandt.
1745 verfügte Papst Benedikt XIV. sogar, auf kirchlichen Bildern sei der Heilige Geist als Taube abzu-
bilden. Seitdem gilt die Taube als Symbol für die Versöhnung zwischen Gott und den Menschen.

INFO

Die Gruppe steht im Kreis, alle reichen einander die Hände.

Liedtext	Bewegung
1. Strophe	*im Kreis laufen*
Wiederholung Strophe 1	*Richtungswechsel*
2. Strophe zapzarap	*klatsch klatsch klatsch,*
hoch zum Himmel	*sich in die Höhe strecken*
tief hinab,	*sich klein machen*
alles wird sich dreh'n,	*schnell auf der Stelle drehen*
und keiner kann mehr steh'n.	*etwas hin und her schwanken*
3. Strophe bis zum Meeresgrunde,	*aufeinander zu laufen,*
reisen alle munter	*die Hände lösen,*
und schon fall'n sie runter.	*in die Knie gehen und vorsichtig nach hinten umfallen.*
4. Strophe schließt sich eine Fessel,	*sich aufsetzen,*
um uns're Erde, damit sie kleiner werde	*die Arme einander über die Schultern legen (es entsteht ein „runder Ball")*
5. Strophe 1, 2, 3,	*3x Klatschen,*
uns're Erde bricht entzwei, kein Kreis ist mehr zu seh'n, alle müssen geh'n.	*anschließend rasch aufstehen und auseinander laufen*

Ringel, Ringel, Reise
Giro, giro, tondo

Melodie und Text: aus Italien
deutscher Text: Daniela Ehwein

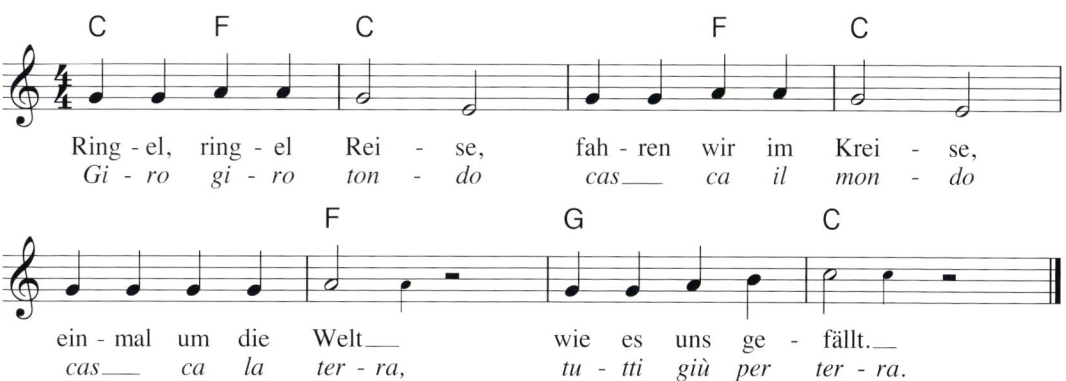

Ring - el, ring - el Rei - se, fah - ren wir im Krei - se,
Gi - ro gi - ro ton - do cas___ ca il mon - do

ein - mal um die Welt___ wie es uns ge - fällt.___
cas___ ca la ter - ra, tu - tti giù per ter - ra.

© 2014 Schott Music GmbH & Co. KG, Mainz

2. Giro giro tondo, il mare è fondo,
tonda è la terra, tutti giù per terra!

3. Giro giro tondo, l'angelo è biondo,
biondo è il grano, tutti ci sediamo.

2. Ringel Ringel zapzarap, hoch zum Himmel tief hinab,
alles wird sich dreh'n, keiner kann mehr steh'n.

3. Ringel Ringel Runde, bis zum Meeresgrunde,
reisen alle munter und schon fall'n sie runter.

4. Ringel Ringel Kessel, schließt sich eine Fessel,
um uns're Erde, damit sie kleiner werde.

5. Ringel Ringel 1, 2, 3, uns're Erde bricht entzwei,
kein Kreis ist mehr zu seh'n, alle müssen geh'n.

Dieses italienische Lied ist das Gegenstück zum bekannten *Ringel Ringel Reihe*.
Es bietet reizvolle Gruppeninterpretationen für kleine und etwas größere Kinder.

INFO

SPIEL Lassen Sie die Kinder ihr Lieblingskuscheltier oder ihre Lieblingspuppe mitbringen und texten Sie das Lied entsprechend dazu um.

Beispielsweise:

Ja, mein kuscheliger Teddy hat ein braunes Fell …   *danach weiter in Strophe 1*

oder:
Meine kleine Miezekatze macht ganz leis Miau …

Meine schöne Puppe

Aroosake ghashange man

Melodie und Text: aus Persien
deutscher Text: Mathias Metzner

Mei - ne schö - ne, schö - ne Pup - pe trägt ein blau - es Kleid. *Fine*
Auf dem blau - en, wei - chen Kis - sen schläft sie je - de Nacht.
A - rus - sa - ke gha - shan - ge man gher - mes pu - schi - de.
Ru tak - tek - ha - be Makh - ma - le a - bi kha - bi - de.

Vom Ba - sar hat sie die Ma - ma für mich mit ge - bracht.
Ma - ma - nye ruz raf - te ba - rar u - no Kha ri - de.

Mei - ne Pup - pe ist die schön - ste Pup - pe weit und breit.
Gha - shang - tar az a - rus - sa - kam hitch - ass na - di - de.

Macht die Au - gen auf und auch wie - der zu
A - rus - sa - ke man tschsh - ma - to va kon.

wenn es dun - kel wird geht sie dann zur Ruh.
Wagh - ti ke shab shod un - whagt la - la kon.

Komm wir ge - hen in den Gar - ten, schau - keln hin und her,
Ha - la bi - a tu - ye ha - yat ba man ba - si kon

sprin - gen Seil und spie - len Ball, das liebt die Pup - pe sehr. *D.C.*
tup ba - si o tap ba - si o ta - nab ba - si kon.

© 2014 Schott Music GmbH & Co. KG, Mainz

INFO

Das Lied war in Persien auch schon vor der islamischen Revolution sehr bekannt.
Es beschreibt die innige Beziehung eines Mädchens zu seiner Puppe.

BEWEGUNG

Während der ersten beiden Strophen reiten die Kinder auf ihren Stühlen („Pferden"). Während der dritten Strophe verlassen die Kinder ihr Pferd und „galoppieren" durch den Raum. Zum Ende der dritten Strophe setzen sie sich auf ein neues „Pferd" und das Lied beginnt von vorne.

BAND

Begleiten Sie den Refrain mit Handtrommeln und Klanghölzern analog zum Sprachrhythmus. Wenn das gut gelingt, kann der Text bei der Wiederholung weggelassen werden.

Liedtext

Instrument

hü hott hü hott, lauf mein Pferd-chen
ti   ti   ti   ti   ti   ti   ti   ti

Nachdichtung
2. Und ein Kissen wird zum Sattel,
eine Schnur zum Zügel,
es geht über Stock und Steine,
Berge, Täler, Hügel.
Hü, hott, hü, hott lauf Galopp.

3. Hej, mein Pferdchen, bist du müde,
kannst nicht galoppieren,
ja, dann muss ich ohne Pferd
zu reiten ausprobieren.
Hü, hott, hü, hott lauf Galopp.

Transliteration
2. Ssedlo mi je od marame, usde od canapa
a bitsch mi je od otschewog prebijenog schtapa.
Djiha djiha

3. Chajde rago schto ssi lenja sar te nije ssram,
ako nechesch ti da idesch, ja tchu zupkat ssam.
Djiha, djiha

Lauf mein Pferdchen

Djiha djiha

Melodie: aus Serbien; Text: Jovan Jovanovic Zmaj (1833-1904)
deutscher Text: Mathias Metzner
Bearbeitung: Mathias Metzner

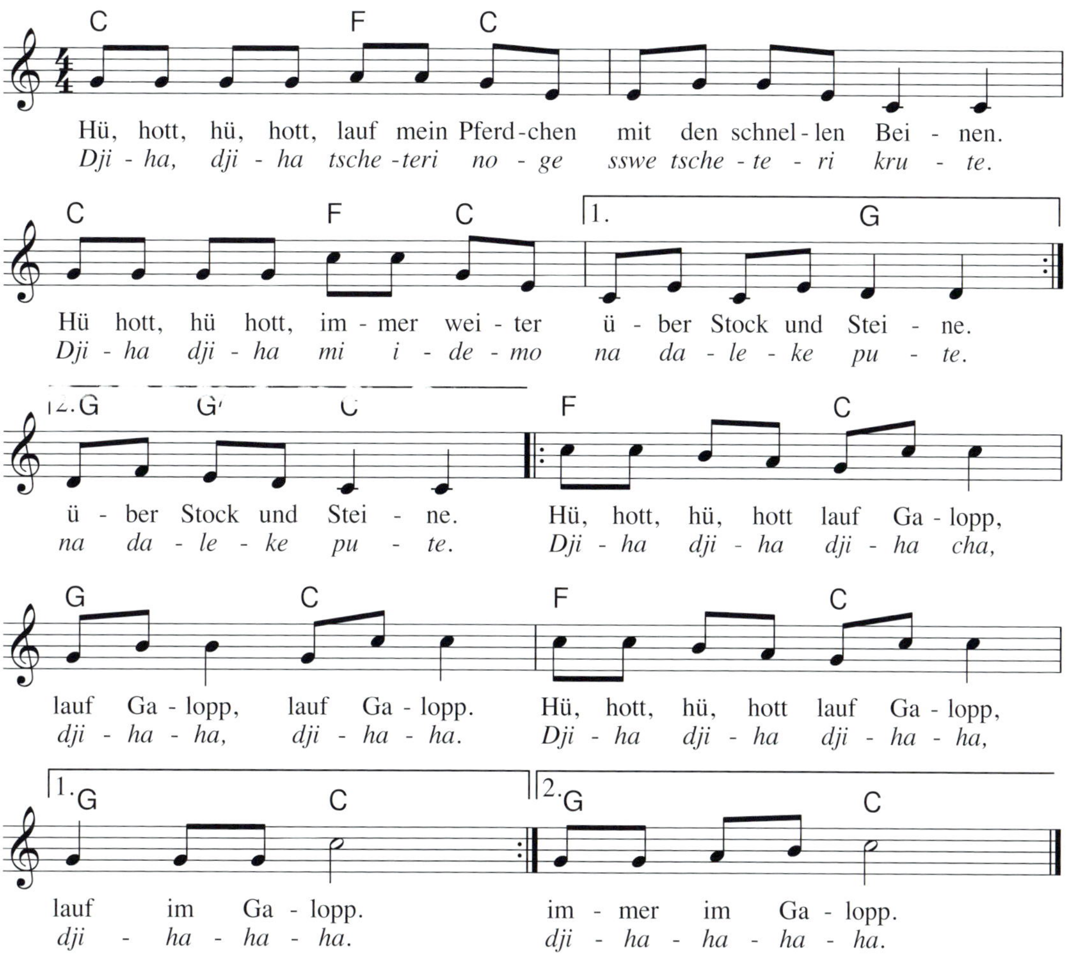
C F C
Hü, hott, hü, hott, lauf mein Pferd-chen mit den schnel-len Bei - nen.
Dji - ha, dji - ha tsche -teri no - ge sswe tsche - te - ri kru - te.
C F C 1. G
Hü hott, hü hott, im - mer wei - ter ü - ber Stock und Stei - ne.
Dji - ha dji - ha mi i - de - mo na da - le - ke pu - te.
2. G G C F C
ü - ber Stock und Stei - ne. Hü, hott, hü, hott lauf Ga - lopp,
na da - le - ke pu - te. Dji - ha dji - ha dji - ha cha,
G C F C
lauf Ga - lopp, lauf Ga - lopp. Hü, hott, hü, hott lauf Ga - lopp,
dji - ha - ha, dji - ha - ha. Dji - ha dji - ha dji - ha - ha,
1. G C 2. G C
lauf im Ga - lopp. im - mer im Ga - lopp.
dji - ha - ha - ha. dji - ha - ha - ha - ha.

© 2014 Schott Music GmbH & Co. KG, Mainz

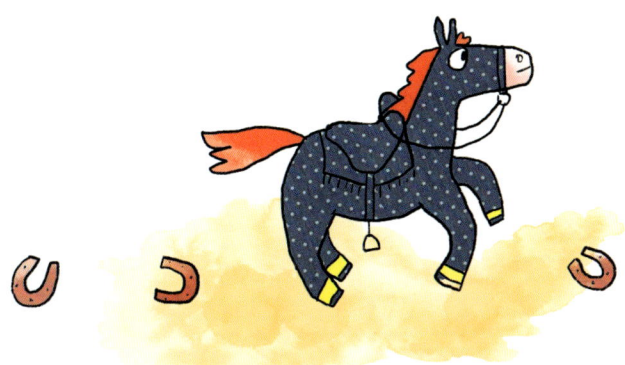

Der Originaltext von J. Jovanovic Zmaj beschreibt eine Spielsituation, in der Kinder, wie für ein bestimmtes Alter typisch, Alltagsgegenstände (Stuhl, Kissen, Schnur) mit neuer Bedeutung aufladen. In diesem Lied wird ein Stuhl zum Pferd.

INFO

TIPP

Papierflieger zu basteln, bereitet allen Kindern Freude.
Nutzen Sie folgende Bastelanleitung zur weiteren Gestaltung des Liedes.
Um Chaos zu vermeiden, lässt jedes Kind einzeln seinen Papierflieger fliegen und alle
singen unterstützend das Lied, um den kleinen Flieger anzutreiben.

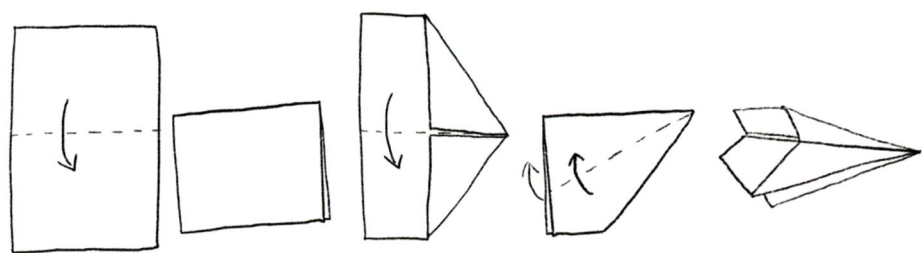

TIPP

Anstelle von „Flieger" kann in der deutschen Version auch „Drache" eingesetzt werden
(„Flieg', mein Drache aus Papier").

Flugzeuglied

Bihengi

Melodie und Text: aus Korea
deutscher Text: Daniela Ehwein

Klei - nes Flug - zeug flieg da - von, flieg da - von, flieg da - von.
To ta to ta bi - hen - gi na ra ra na ra ra.

In die Hö - he hoch hi - nauf Flug - zeug gib nicht auf.
No - pi no - pi na ra ra u - di bi - hen - gi.

© 2014 Schott Music GmbH & Co. KG, Mainz

Nachdichtung
2. Flieg', mein Flugzeug, aus Papier,
fliege weit, zeig' es mir,
in die Ferne, hoch hinauf,
Flugzeug gib nicht auf.
Transliteration

2. nega mandem bihengi
na ra ra na ra ra
molli molli na ra ra
udi bihengi

„Papier-han-ji" spielt im traditionellen Kunsthandwerk Koreas eine große Rolle. Das besondere Papier ist weich und langfaserig. Es wir einerseits zur Herstellung von Gebrauchsgegenständen genutzt, andererseits zur Dekoration und Gestaltung.

INFO

BEWEGUNG Die Gruppe steht im Kreis. Ein Kind liegt als „schlafender Bär" in der Mitte. Am Ende erwacht der Bär und fängt eines der Kinder im Kreis.

Liedtext	Bewegung
In der Höhle schläft ein Bär.	*Die Gruppe steht im Kreis und stellt sich schlafend.*
Vorbeizuschleichen ist nicht schwer.	*im Kreis um den schlafenden Bär herumschleichen*
Nimm dich bloß in Acht,	*mit erhobenem Zeigefinger ernst schauen*
wenn er einmal erwacht,	*sich strecken und gähnen, auch das Kind im Kreis erwacht*
er fängt dich schneller als gedacht.	*Der „schlafende Bär" fängt einen neuen Bären.*

TIPP Legen Sie vorher fest, ob die Kinder frei durch den Raum laufen dürfen oder die Kreisform beibehalten sollen.

TIPP Basteln Sie gemeinsam Bärenmasken, die die Kinder während des Kreisspiels tragen können.

In der Höhle schläft ein Bär
Stary niedźwiedź mocno śpi

Melodie und Text: aus Polen
deutscher Text: Angela Ruck

In der Höh - le schläft ein Bär. Vor - bei - zu - schlei - chen ist nicht schwer.
Sta - ri njetz - wetsch motz - no schpi. Sta - ri njetz - wetsch motz - no schpi.

Nimm dich bloß in Acht, wenn er ein - mal er - wacht, er
Mä go nje spu - schi - mä, na pal - zach hod - schi - mä,

fängt dich schnel - ler als ge dacht.
Juk - sche - sbu - dschi to nas je!

© 2014 Schott Music GmbH & Co. KG, Mainz

Ein ähnliches Lied ist *Bjørnen Sover* aus Schweden, in Deutschland bekannt unter *Schläft der Bär* oder *Kleine Igel schlafen gern*.

INFO

SPIEL Spielen Sie zu diesem Lied das in Deutschland als „Plumpsack" bekannte Kreisspiel: Ein Kind geht mit einem (geknoteten) Tuch/Säckchen oder Ähnlichem um den Kreis herum. Möglichst heimlich lässt es das Tuch hinter einem anderen Kind fallen. Dieses muss sich das Tuch nehmen und das erste Kind fangen, bevor es seinen Platz erreicht hat. Schafft es das nicht, muss das zweite Kind nun mit dem Tuch herumgehen. Wird das Tuch hinter dem Rücken nicht bemerkt, bis das erste Kind eine Runde gelaufen ist, muss dieses Kind im Kreis („eins, zwei, drei, ins faule Ei!") sitzen, bis es erlöst wird.

Mein Lieblingstuch
Mam chusteczkę haftowaną

Melodie und Text: aus Polen
deutscher Text: Angela Ruck

Mit dem Tuch in mei - ner Hand, da will ich euch be - grü - ßen.
Mam hus - tetsch - ke haf - to - wa - na, wszyst - kie czte - ry ro - gi,

Und wer mir am lieb - sten ist, dem leg ich es zu Fü - ßen.
ko - go ko - cham, ko - go lu - bie, wru - ce mu pod no - gi.

© 2014 Schott Music GmbH & Co. KG, Mainz

2. Schaut's euch an,
mein schönes Tuch,
es hat der Ecken vier.
Ich geb's nicht einfach irgendwem,
o nein, ich schenk' es dir!

2. Tego kocham, tego lubję,
tego potzaluje,
a tschustetschke haftowano
tobie podaruje.

Das Plumpsack-Spiel ist in vielen Ländern in zahlreichen Variationen bekannt. In der Schweiz kennt man es als „*Fätzli gleit*" (Faules Ei): „*Fätzli gleit, niemerem gseit, liege loh wo's isch, süsch chunnt da Polizist und rüärt di uf dä Mischt!*" Deutsche Übersetzung: „*Ein Stofffetzen hingelegt, niemandem gesagt, liegen gelassen, wo es ist, sonst kommt der Polizist und wirft dich auf den Mist.*"

INFO

BAND Spielen Sie zu diesem Lied eine leichte harmonische Begleitung auf Klangbausteinen. Zusätzlich können andere Kinder zum Rhythmus der beiden letzten Takte jeder Zeile auf Trommeln, Klanghölzern oder ähnlichen Instrumenten mitspielen.

Liedtext   **Instrument**

Meine   Puppe trägt ein blaues Kleid, so schön!

        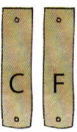

Hübsch gekleidet wollen   wir spazieren   geh'n …

*Die anderen Kinder spielen
jeweils auf ihren Instrumenten.*

Meine Puppe trägt ein blaues   Kleid,   so   schön!

                                  ta   *ta*   *ta*

Hübsch gekleidet wollen wir spa - zie-   ren   geh'n.

                                  ta   *ta*   *ta*

Leider war es viel zu kalt, nun   ist   sie   krank,

                                  ta   *ta*   *ta*

der Doktor bringt Medizin,   recht schönen Dank!

                                  ta   *ta*   *ta*

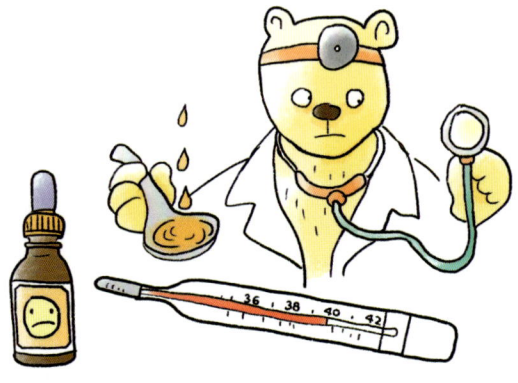

Meine kranke Puppe
Tengo una muñeca

Melodie und Text: aus Spanien
deutscher Text: Angela Ruck

Mei-ne Pup-pe trägt ein blau-es Kleid, so schön! Hübsch ge-klei-det wol-len wir spa-
Ten-go u -na muñ - e -ca ves -ti - da de a-zul, con su ca -mi -si - ta y su

-zie - ren gehn. Lei - der war es viel zu kalt, jetzt ist sie krank,
ca - ne - sú. La sa -quéa pa -se -o, se me con - sti -pó,

Dok - tor, der bringt Me - di - zin, recht schö - nen Dank!
la ten -goen la ca - ma con mu - cho do - lor.

© 2014 Schott Music GmbH & Co. KG, Mainz

2. Er reicht mir das Fläschchen
und sagt „Pass gut auf!",
sechzehn Tropfen kommen
auf den Löffel rauf:
Zwei und zwei sind vier,
und vier dazu sind acht,
nochmal acht sind sechzehn.
So wird es gemacht!

2. Y esta mañanita me dijo el doctor
que le dé el jarabe con un tenedor.
Dos y dos son cuatro, cuatro y dos son seis,
seis y dos son ocho y ocho dieciseis.

Meine kranke Puppe ist vor allem in lateinamerikanischen Ländern sehr verbreitet und wird mit kleinen Textvariationen häufig in Peru, Uruguay und Mexiko gesungen.

INFO

Kleines Entlein *Kis kácsa fürdik*

Die Kinder gehen Hand in Hand im Kreis, während das Lied gesungen wird.
Zwei Kinder gehen außerhalb des Kreises und stellen die „Ente" und das „Kind" dar.
Diese beiden gehen gegen die Kreisrichtung. Am Ende des Liedes werden zwei neue
Kinder für diese Rollen ausgesucht.

BAND Begleiten Sie das Lied gleichzeitig mit den Klangbausteinen d, fis und a:

Liedtext	Instrument

Im dunklen See, da schwimmt ein kleines Entlein

   　　　　　　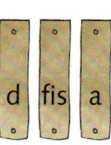

ta　　　　*ta*　*ta*　　　　*ta*

TIPP Unterstützen Sie das „Quack, quack, quack" am Ende des Liedes lautmalerisch durch ein
Guiro.

Kleines Entlein
Kis kácsa fürdik

Melodie und Text: aus Ungarn
deutscher Text: Mathias Metzner

Im dun - klen See da schwimmt ein klei - nes Ent - lein,
das möcht zu - hau - se bei der En - ten - ma - ma sein.
Kis kác - sa für - dik fe - ke - te tó - ba,
An - yjá - hoz ké - szül Leng - ye - lor - szág - ba.

und ich helf ihm durch die Wie - se,
da - bei krieg ich nas - se Fü - ße.   Quack, quack,   quack!
Mig a kác - sát el - haj - tot - tam,
Két pár csi - mát els - zag - gat - tam,   kács, kács,   kács!

© 2014 Schott Music GmbH & Co. KG, Mainz

Aussprachehilfe:
s: wie sch in Schule
cs: wie tsch in Matsch
z: wie im engl. Zero
sz: wie ss in Klasse

Das Lied ist in Ungarn in verschiedenen Versionen bekannt. Es gibt unterschiedliche Textvarianten und eine abweichende Melodie, die dem Lied einen sehr traurigen Charakter verleiht.

INFO

BEWEGUNG	Liedtext	Bewegung
	Kommt dreht euch im Kreise	*im Uhrzeigersinn im Kreis laufen*
	zu der alten Weise.	*Richtungswechsel*
	Die Hände machen	*Hände nach oben strecken und zeigen*
	klapp, klapp, klapp,	*3 x klatschen*
	die Füße machen	*Füße im Wechsel kurz hochhalten und schütteln*
	tapp, tapp, tapp.	*3 x stampfen*

TIPP Kleineren Kindern fällt die Koordination langsamer Bewegungen oft schwer. Variieren Sie das Tempo, indem Sie entweder einen Schritt zu zwei Wörtern oder einen Schritt pro Wort machen. Drehen Sie sich alternativ einmal schnell und einmal langsam um die eigene Achse. Auf diese Weise werden Balance und Körperkoordination geschult.

Kommt, dreht euch im Kreise
Piiri pieni pyörii

Melodie und Text: aus Finnland
deutscher Text: Daniele Ehwein und Angela Ruck
Bearbeitung: Mathias Metzner

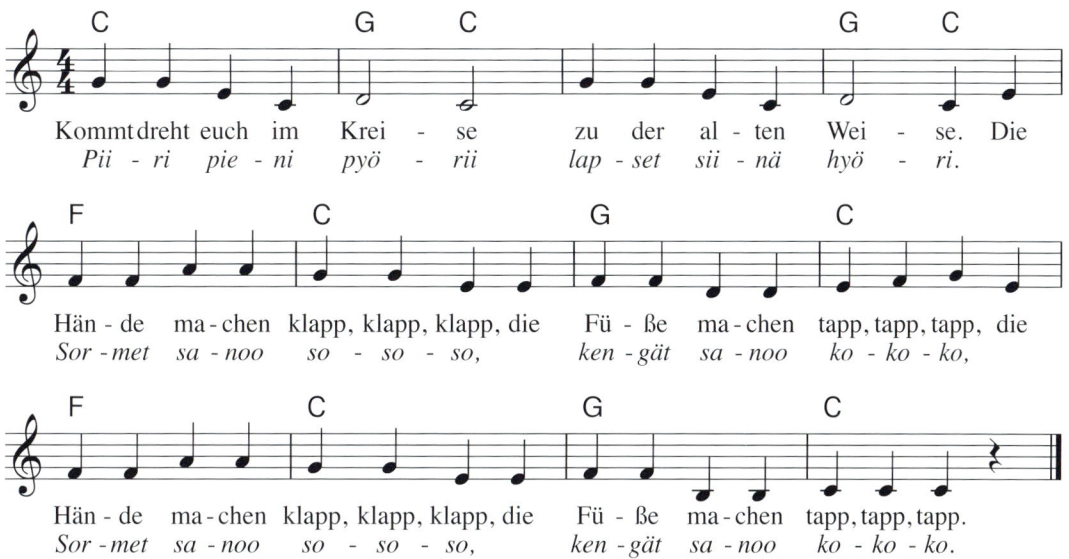

Kommt dreht euch im Krei - se zu der al - ten Wei - se. Die
Pii - ri pie - ni pyö - rii lap - set sii - nä hyö - ri.

Hän - de ma - chen klapp, klapp, klapp, die Fü - ße ma - chen tapp, tapp, tapp, die
Sor - met sa - noo so - so - so, ken - gät sa - noo ko - ko - ko,

Hän - de ma - chen klapp, klapp, klapp, die Fü - ße ma - chen tapp, tapp, tapp.
Sor - met sa - noo so - so - so, ken - gät sa - noo ko - ko - ko.

© 2014 Schott Music GmbH & Co. KG, Mainz

Kommt, dreht euch im Kreise ist ein typisches Bewegungslied aus Finnland. Bei Bewegungs- oder Mitmach-liedern erleben die Kinder Musik auf einer zusätzlichen aktiven Ebene. Durch die Herausforderung der Synchronisation von Textinhalt, zugehörigen Bewegungen und Rhythmus des Liedes werden vor allem Koordination und Sprache geschult.

INFO

BAND Ersetzen Sie am Ende der Strophe die gesungenen Tierlaute durch Instrumente. Beispielsweise das Quaken des Entchens mit einem Guiro.

TIPP Appellieren Sie bei diesem Lied an die Fantasie der Kinder. Was soll die „liebe Oma" noch kaufen und wie klingt das, was gekauft werden soll? Durch seine vielen Wiederholungen ist das Lied gut zum gemeinsamen Singen bei Kinderfesten geeignet. Kinder und Eltern, die das Lied noch nicht kennen, können aufgrund der vielen Wiederholungen leicht einsteigen.

Transliteration

2. Kupim my babuschka sebe kissan´ku (2x)
Kissan´ka mijau – mijau
Utoschka, ta, ta, ta

3. Kupim my babuschka sebe sabatschjonku (2x)
Sabatschjonok gaw – gaw,
Kissan´ka ...
Utotschka ...

4. Kupim my babuschka sebe parasjonka. (2x)
Parasjonok, chruki – chruki
Sabatschjonok ...
Kissan´ka ...
Utotschka ...
Kurotschka ...

5. Kupim my babuschka sebe karawjonku (2x)
korowjonok muki – muki
Parasjonok, chruki – chruki
Sabatschjonok ...
Kissan´ka ...
Utotschka ...

Liebe Oma
Kupim my babuschka

Melodie und Text: aus Russland
deutscher Text: Milena Langmann
Bearbeitung: Mathias Metzner

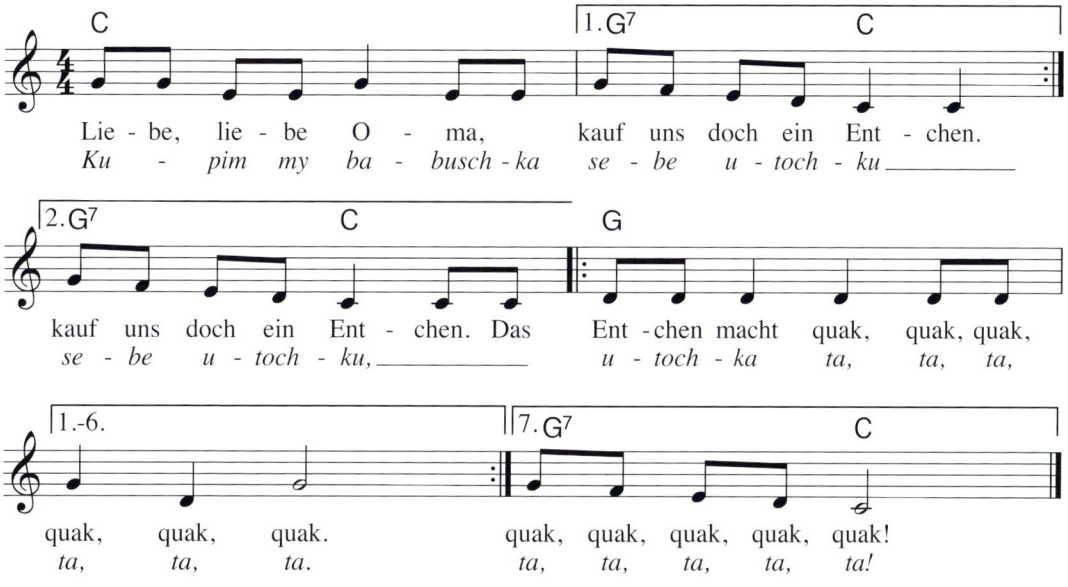

Lie - be, lie - be O - ma, kauf uns doch ein Ent - chen.
Ku - pim my ba - busch - ka se - be u - toch - ku

kauf uns doch ein Ent - chen. Das Ent - chen macht quak, quak, quak,
se - be u - toch - ku, u - toch - ka ta, ta, ta,

quak, quak, quak. quak, quak, quak, quak, quak!
ta, ta, ta. ta, ta, ta, ta, ta!

© 2014 Schott Music GmbH & Co. KG, Mainz

2. Liebe, liebe Oma,
kauf uns doch ein Entchen.
Das Entchen macht quak, quak quak.

3. Liebe, liebe Oma,
kauf uns doch ein Kätzchen.
Das Kätzchen macht miau miau …
Das Entchen …

4. … kauf uns doch ein Schweinchen.
Das Schweinchen macht chrjuki, chrjuki…
Das Kätzchen …
Das Entchen …

5. … kauf uns doch ein Kälbchen.
Das Kälbchen macht muki muki …
Das Schweinchen …
Das Kätzchen …
Das Entchen …

6. … kauf uns doch ein Pony.
Das Pony macht tuki tuki
Das Kälbchen …
Das Schweinchen …
Das Kätzchen …
Das Entchen …

Kettenlieder wie das Lied *Liebe Oma* werden in vielen Ländern gerne gesungen (z. B. *Ein fröhlicher Wanderer, Wenn ich zum Markt geh'*). Die zugrunde liegende Spielform findet sich auch in dem allseits bekannten Spiel „Kofferpacken" wieder.

INFO

BEWEGUNG

Zu Beginn des Liedes stehen zwei Kinder (a) auf der einen Seite und eine beliebige Anzahl von Kindern (b) auf der anderen.
Die zwei Kinder beginnen den Dialog.

Gruppe	Liedtext	Hinweis
a	Wo sind denn die Schlüssel? Matarile, rile, rile	
b	Auf dem Grund des Meeres! Matarile, rile, ron chimpon	
a	Und wer geht sie suchen? Matarile rile, rile	
b	…… * geht (sie) suchen. Matarile, rile, rile	* *Name einsetzen*
a	Welche Arbeit macht sie/er? Matarile, rile, rile	
b	Sie/er wird ……… * ! matarile, rile, rile	* *Beruf einsetzen, das ausgewählte Kind * nickt /schüttelt mit dem Kopf. Wenn es mit dem Kopf schüttelt, beginnt der Dialog von vorne.*
a	Welche Arbeit macht sie/er? matarile, rile, rile	*weiter, wenn das Kind nickt*
b	Sie wird ……… *matarile, rile, rile	* *Beruf einsetzen*
a	Sie bekommt die Fahne, matarile rile rile	

Daraufhin wechselt sie/er auf die andere Seite, wo jetzt drei Kinder stehen, das Spiel dauert bis alle Kinder gemeinsam auf einer Seite stehen.

Schloss
¿Dónde están las llaves?

 22 / 22

Melodie und Text: aus Spanien
deutscher Text: Mathias Metzner
Bearbeitung: Mathias Metzner

Ich __ ha - be ein __ Schloss ma - ta - ril - le ril - le ril - le, ich __
Yo ten - go __ un cas - til - lo ma - ta - ril - le ril - le ri - le, yo ten

ha - be ein __ Schloss ma - ta ril - le, ril - le ron tschim pon.
go __ un cas - til - lo ma - ta - ril - le, ril - le ron chim - pón.

© 2014 Schott Music GmbH & Co. KG, Mainz

2. Wo sind denn die Schlüssel?
Matarile – rile – rile

3. Auf dem Grund des Meeres!
Matarile – rile – rile

4. Und wer wird sie suchen?
Matarile – rile – rile

5. …… * geht suchen.
 Matarile – rile – rile

6. Welche Arbeit macht sie/er?
Matarile – rile – rile

7. Sie wird Polizistin!
Matarile – rile –rile.

* (Namen eines Kindes einsetzen)

2. ¿Dónde están las llaves?
Matarile – rile – rile
¿Dónde están las llaves?
Matarile – rile – rile ron
Pim pon. (chimpôn)

3. En el fondo del mar...

4. ¿Quién irá a buscarlas?

5. Irá Carmencita

6. ¿Qué oficio le pondrá?

7. Este oficio tiene multe

¿Donde están las llaves matarile? geht auf das französische Lied *Ah mon beau château* zurück.
Es ist ebenso in Kolumbien und Venezuela bekannt.

INFO

SPIEL Die Kinder halten während des Liedes weiße Seidentücher oder weiße Chiffontücher in ihren Händen verborgen. Nach der zweiten Strophe werden die Hände langsam geöffnet und das Tuch entfaltet sich zu einer Blüte.

BAND Spielen Sie mit Becken und Fingerzimbeln zwei halbe Noten (tao-tao) als Vor-, Zwischen- und Nachspiel. Begleiten Sie die Strophen mit:

Liedtext **Instrument**

Sa - ku - ra,   Sa - ku - ra
ta   ta   tao   ta   ta   tao

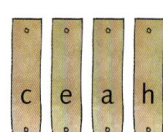 

TIPP Singen Sie das Lied sehr ruhig (wie in japanischen Originalaufnahmen). Dadurch entsteht eine feierliche Atmosphäre.

Der Kirschbaum blüht

Sakura

Melodie und Text: aus Japan
deutscher Text: Thomas Holland-Moritz

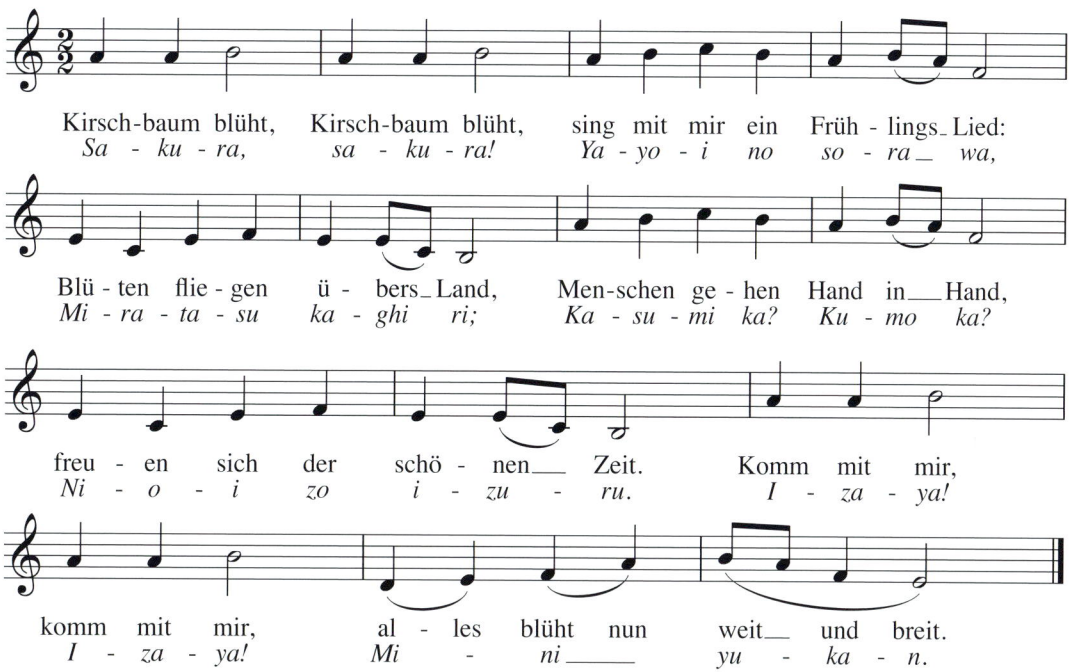

Kirsch-baum blüht, Kirsch-baum blüht, sing mit mir ein Früh-lings-Lied:
Sa - ku - ra, sa - ku - ra! Ya - yo - i no so - ra___ wa,

Blü - ten flie - gen ü - bers_Land, Men-schen ge - hen Hand in___Hand,
Mi - ra - ta - su ka - ghi ri; Ka - su - mi ka? Ku - mo ka?

freu - en sich der schö - nen___ Zeit. Komm mit mir,
Ni - o - i zo i - zu - ru. I - za - ya!

komm mit mir, al - les blüht nun weit___ und breit.
I - za - ya! Mi - ni___ yu - ka - n.

© 1996 Schott Music GmbH & Co. KG, Mainz

2. Sakura, sakura!
Seht, so weit das Auge reicht,
Blütenschimmer, Wolken gleich!
Kommet mit, kommet mit,
lasst uns geh'n und schauen!

2. Sakura, Sakura,
noyama mo sato mo
miwatasu kagiri
kasumi ka kumo ka
asahi ni niou
sakura sakura
hana zakari

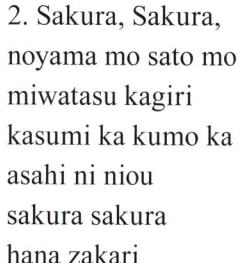

Sakura bezeichnet die japanische Kirschblüte. Diese markiert den Frühlingsbeginn und stellt einen wichtigen Höhepunkt im japanischen Kalender dar.

INFO

SPIEL

Zu Beginn und nach dem Ende des Liedes werden Regenklänge mit Handtrommeln und Regenmachern gespielt. Der Klang verläuft vom Spielen einzelner Tropfen zu einem kräftigen Regen, der am Ende wieder nachlässt.

BAND

Begleiten Sie den Refrain mit Handtrommeln und Klanghölzern:

Liedtext

Instrument

Mataru   Lmataru   Mata …
  ta   *titi*   *ta*   *titi*

  ta   *ta*

TIPP

Nutzen Sie das Lied als Teil eines Wasserprojekts für Kinder im Vorschul- bzw. Grundschulalter.

80

Regen fällt
Mataru Lmataru

 17 / 18

Melodie und Text: Verein Rissalla
deutscher Text: Mathias Metzner
Bearbeitung: Mathias Metzner

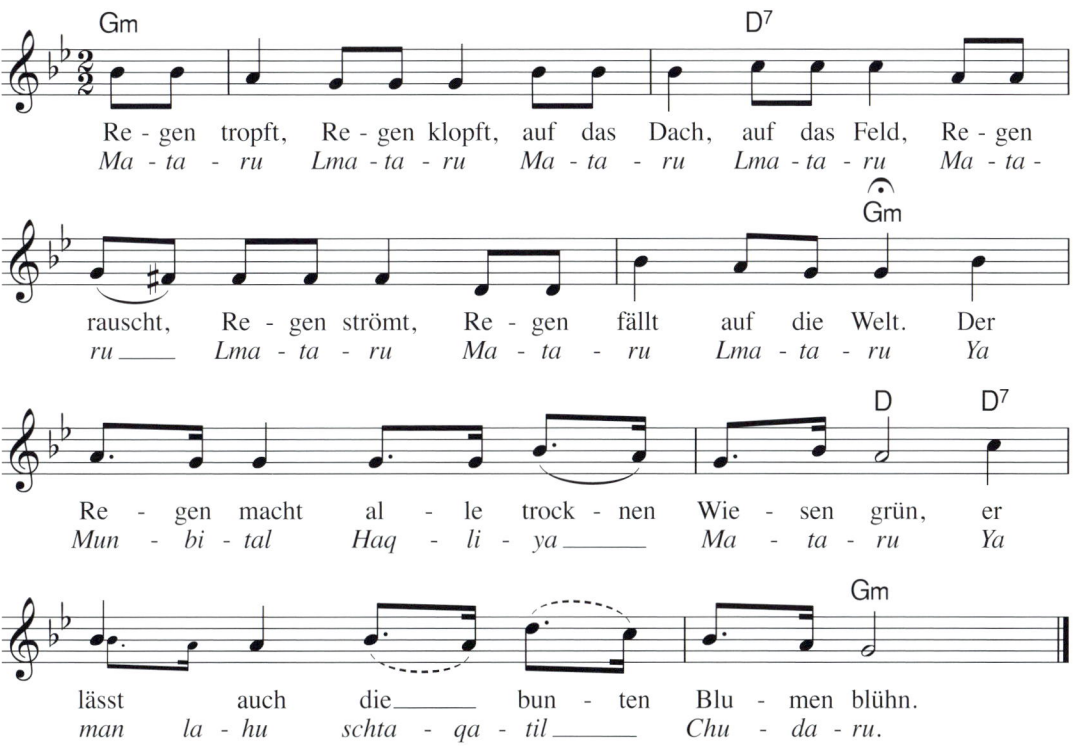

Re - gen tropft, Re - gen klopft, auf das Dach, auf das Feld, Re - gen
Ma - ta - ru Lma - ta - ru Ma - ta - ru Lma - ta - ru Ma - ta -

rauscht, Re - gen strömt, Re - gen fällt auf die Welt. Der
ru ___ Lma - ta - ru Ma - ta - ru Lma - ta - ru Ya

Re - gen macht al - le trock - nen Wie - sen grün, er
Mun - bi - tal Haq - li - ya ___ Ma - ta - ru Ya

lässt auch die ___ bun - ten Blu - men blühn.
man la - hu schta - qa - til ___ Chu - da - ru.

© 2014 Schott Music GmbH & Co. KG, Mainz

2. Alles was wächst, es wächst durch ihn,
er stillt den Durst und die Wüste wird grün.

3. Der Regen kühlt, wenn die Sommerhitze brennt,
er macht alles frisch, was die Sonne versengt.

4. Er füllt den See den Bach und den Fluss.
Sein kühles Nass ist für uns ein Hochgenuss.

Transliteration

2. Ya A`mira Ssaddi Bilmaii.
Ya Rahmatan Baa`da A'naii.

3. Jita lana ba´da Ghiyabi.
Mulabbiyan Nidaa kullil Ahbabi.

4. Schukran lillahi A´la Fadlihi.
Bima Jada ala Ibadihi.

Dieses Lied stammt aus dem meist sehr heißen Marokko.
Im nördlichen Afrika hat Regen eine andere Bedeutung als in unseren Breitengraden.

INFO

SPIEL Formen Sie gemeinsam mit den Kindern kleine Schneeflocken aus Watte.
Durch das Werfen auf ein Schwungtuch oder ein größeres Laken erwachen diese „zum Leben". Alle Kinder schütteln die Flöckchen auf und nieder, während das Lied gesungen wird.

Variante 1

Ein Kind stellt sich in die Mitte des Tuches und lässt sich von den Schneeflocken berieseln.

Variante 2

Bei „… der Wind bläst Schneeflöckchen umher. …" blasen die Kinder die Wattebällchen am Boden in einem Reifen in Partnerarbeit hin und her. Dies ist eine gute Atemübung und sensibilisiert die Körperwahrnehmung.

Es schneit

Nun i om ni da

Melodie und Text: aus Korea
deutscher Text: Daniela Ehwein

Schaut nur her, ei, es schneit gar sehr und der Wind bläst Schnee-flöck-chen um-her.
Pul __ pul nun i om ni da bar ram ta go nun i om ni da

En - gel schüt-ten Schnee auf uns he-rab, weiß wie Wat - te deckt er al-les ab.
hal na ra sun nyu nim deul i __ song i song i ha yan someul

Mehr und mehr_ ei, es schneit gar sehr, mehr und mehr_ ei, es schneit gar sehr.
za ggu za ggu ly-ue zum ni da za ggu zua ggu ly-ue zum ni da.

© 2014 Schott Music GmbH & Co. KG, Mainz

Transliteration

pul pul

nun i om ni da

ba ram ta go nun i om ni da

ha nl na ra sun nyu nim deul i

song i song i

ha yan som eul

za ggu za ggu bbu lyue zum ni da

Anfang 2011 wurde Südkorea von einem sogenannten Jahrhundertschnee überrascht.
Es handelte sich um den stärksten Schneefall seit 1911.

INFO

Ein fröhlicher Wanderer *Un austriaco felice*

SPIEL Die Gruppe steht oder sitzt im Kreis.

Liedtext	Bewegung
jo	*Trommelwirbel auf den Schenkeln*
la	*Trommelwirbel auf der Brust*
li	*Trommelwirbel auf den Schultern*
jolla	*Patsch aufs Knie*
la li	*Schlag mit der flachen Hand auf die Brust*
alli	*Schnipsen*

TIPP In Deutschland ist das Lied weit verbreitet. Auf die Melodie wurden zahlreiche neue Strophen gedichtet.

Beispiel:
Zwischen Kassel und Bebra, ja, da liegt ein Tunnel;
wenn man reinfährt, wird's dunkel,
wann man rauskommt, wird's hell.
Holladi, holleradihia hollera Kucku,
holleradihia hollera Kucku,
holleradihia hollera Kucku,
holleradihia ho.

2. Un austriaco felice sulla cima del monte
quando vede un'aquila lui la imita così:
jo la li jollala li alli olla la cucù, vuum,
jollala li alli olla la cucù, vuum,
jollala li alli olla la cucù, vuum,
ollala li alli oh.

3. Un austriaco felice sulla cima del monte
quando vede una valanga lui la imita così:
jo la li jollala li alli olla la cucù,
vuum, scium
jollala li alli olla la cucù, vuum, scium
jollala li alli olla la cucù, vuum, scium
jollala li alli oh

4. Un austriaco felice sulla cima del monte
quando vede una ragazza lui la imita così:
jo la li jollala li alli olla la cucù,
vuum, baci, scium
jollala li alli olla la cucù, vuum, scium,
baci
jollala li alli olla la cucù, vuum, scium,
baci
jollala li alli oh.

Ein fröhlicher Wanderer

Un austriaco felice

19 / 20

Melodie: aus der Steiermark; Text: aus Italien
deutscher Text: Mathias Metzner

Ein-en fröh - li-chen Wan-der-er macht das Sin-gen sehr froh. Sieht er da ei-nen
Un aus -tri-a-co fe - li - ce sul-la ci-ma del monte. Quan-do ve-de un

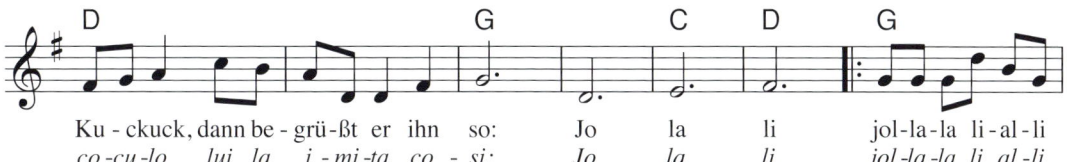

Ku-ckuck, dann be-grü-ßt er ihn so: Jo la li jol-la-la li-al-li
co-cu-lo lui la i-mi-ta co-si: Jo la li jol-la-la li al-li

ol-la-la Ku-ckuck, jol-la-la li-al-li ol-la-la Ku-ckuck. oh.
ol-la-la cu-cù jol-la-la li al-li ol-la-la cu-cù, oh.

© 2014 Schott Music GmbH & Co. KG, Mainz

2. Einen fröhlichen Wanderer
macht das Jodeln sehr froh,
sieht er dann einen Adler,
dann begrüßt er ihn so:
jollali jollala li alli olla la Kuckuck, vuum,
jollala li alli olla la Kuckuck, vuum,
jollala li alli olla la Kuckuck, vuum,
jollala li alli oh.

3. ... sieht er dann eine Lawine,
dann bergüßt er sie so:
jolali jollala li alli olla la Kuckuck,
vuum, scium
jollala li alli olla la Kuckuck, vuum, scium,
jollala li alli olla la Kuckuck, vuum, scium,
jollala li alli oh.

4. ... sieht er dann ein Mädchen,
dann bergüßt er es so:
jollali jollala li alli olla la Kuckuck,
vuum, Küsschen, scium,
jollala li alli olla la Kuckuck, vuum, scium,
Küsschen
jollala li alli olla la Kuckuck, vuum, scium,
Küsschen
jollala li alli oh.

85

BAND

Teilen Sie die Kinder in vier Gruppen ein (jede Phrase = eine Gruppe) und gestalten Sie das Lied mit den angegebenen Rhythmen auf den verschiedenen Instrumenten.

Liedtext	Instrument
Die Wintersaat fängt schon an zu rauschen,	
taoa taoa taoa taoa	
Vögel sind auch schon da.	
ta ta ta ta ta ta ta ta	
Nun kommt der Frühling, nun kommt der Frühling,	
taoa taoa taoa taoa	
tup tup tup tup tup tup.	
ta ta ta ta ta ta	

TIPP

Tauschen Sie die Instrumente unter den Gruppen, sobald alle ihren Rhythmus gut können.

Frühlingslied
Juz ozimina

Melodie und Text: aus Polen
deutscher Text: Daniela Ehwein, Mathias Metzner, Angela Ruck

Die Win-ter - saat fängt schon an zu rau - schen, Vö-gel sind auch schon da.
Juz o - zi - mi - na szu-mieć zasz - zy - na, juz pta -ki są u zbóz.

Nun kommt der Früh - ling, nun kommt der Früh - ling, tup tup tup tup tup tup.
Juz ios - na i - dzie, juz ios - na i - dzie, tup tup tup tup tup tup.

© 2014 Schott Music GmbH & Co. KG, Mainz

Dieses polnische Frühlingslied ist eines der unzähligen Lieder, die den Winter verabschieden und den Frühling begrüßen. Es wird bereits seit dem 19. Jahrhundert gesungen. Bekannte deutsche Lieder dieser Art sind beispielsweise *Winter ade* oder *Komm, lieber Mai*.

INFO

BAND Singen sie dieses Lied in einer sehr einfachen mehrstimmigen Variante:
Teilen Sie dazu die Kinder in zwei Gruppen ein.

leichte Version

Eine Gruppe singt das Lied, die andere singt auf dem ersten Ton in halben Noten (tao)
weiter. Als Text eignet sich einfach „Li-mu". So entsteht eine einfache Zweistimmigkeit,
die das Gehör und das gemeinsame Singen schult.
Nach einer Zeit wechseln die Gruppen.

schwere Version

Als weitere – allerdings schon etwas schwerere – Variante bleiben einzelne Kinder auf
dem ersten Ton in Takt 5 stehen und singen bis zum Ende des Liedes „ü" *(tao)*.

Limu limu leimen

Limu limu lima

Melodie und Text: aus Schweden
deutscher Text: Christian Müller

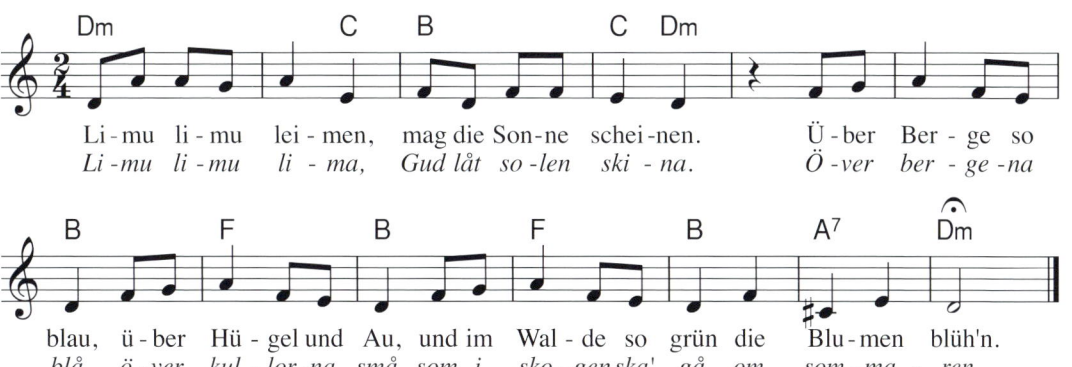

Dm C B C Dm
Li - mu li - mu lei - men, mag die Son - ne schei - nen. Ü - ber Ber - ge so
Li - mu li - mu li - ma, Gud låt so - len ski - na. Ö - ver ber - ge - na
B F B F B A7 Dm
blau, ü - ber Hü - gel und Au, und im Wal - de so grün die Blu - men blüh'n.
blå, ö - ver kul - lor - na små, som i sko - gen ska' gå om som - ma - ren.

© 2014 Schott Music GmbH & Co. KG, Mainz

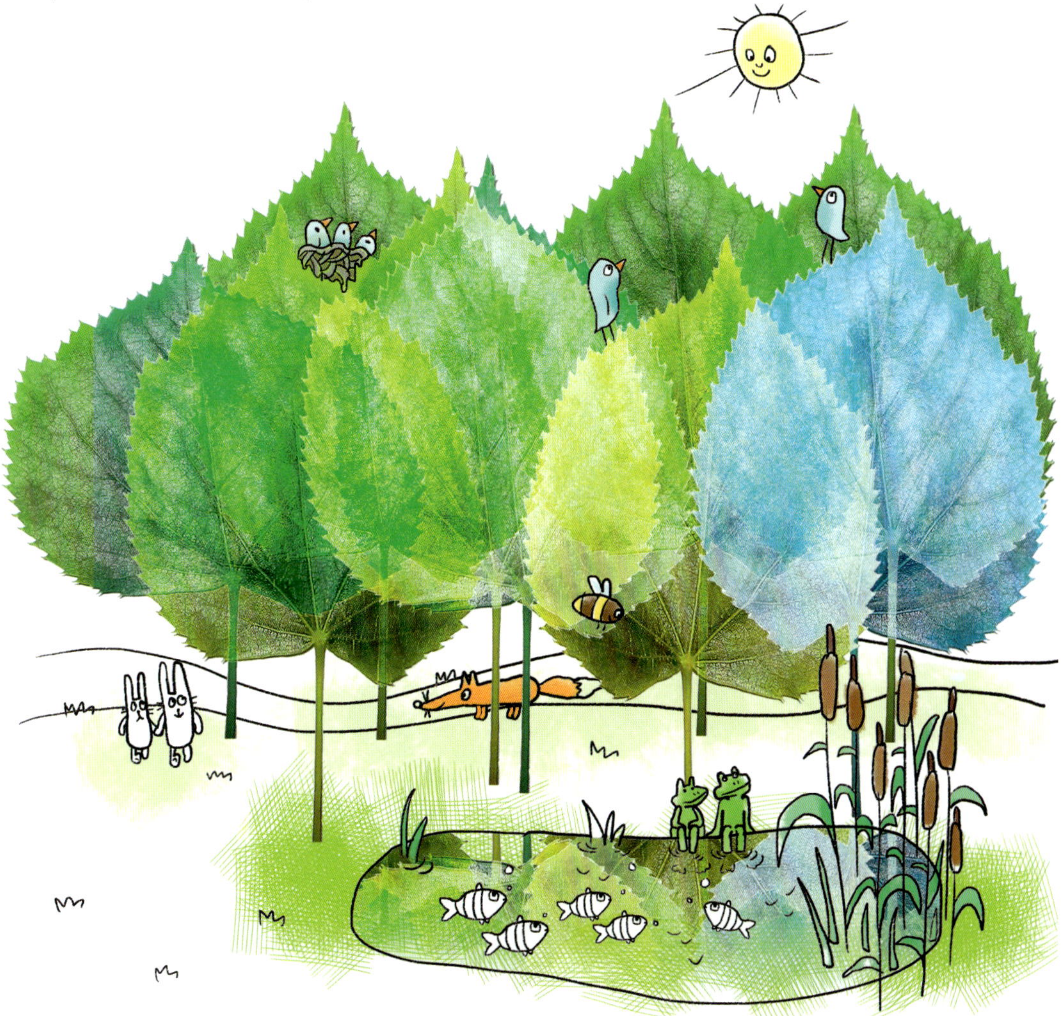

INFO

Limu limu lima ist bis heute ein populärer Klassiker aus Schweden. Er wird häufig um kreative Zusätze ergänzt und dient auch als Experimentierstück für Ensembles.

BAND **leichte Version**

Das gesamte Lied kann auf dem Ton d begleitet werden.
Spielen Sie hierzu pro Takt 3x den Ton d.

Beispielsweise:
Wind und Regen auf Handtrommel/Regenmacher/Oceandrum
Sonnenstrahlen und Vögel auf Triangel/Fingerzimbeln

Steigerung

Begleiten Sie dieses Lied mit Klangbausteinen.
Wiederholen Sie die Abfolge der Töne folgendermaßen bis zum Ende des Liedes:

Liedtext   Instrument

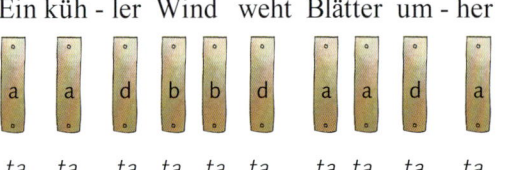

Ein küh - ler Wind   weht Blätter um - her

a   a   d   b   b   d   a   a   d   a

ta   ta   ta ta ta ta   ta ta   ta   ta

a d b

TIPP Gestalten Sie mit jüngeren Kindern den Liedtext szenisch
oder vertonen diesen auf Instrumenten.

Herbst im Wald
Esen v gorata

 21 / 22

Melodie und Text: aus Bulgarien
deutscher Text: Daniela Ehwein und Angela Ruck

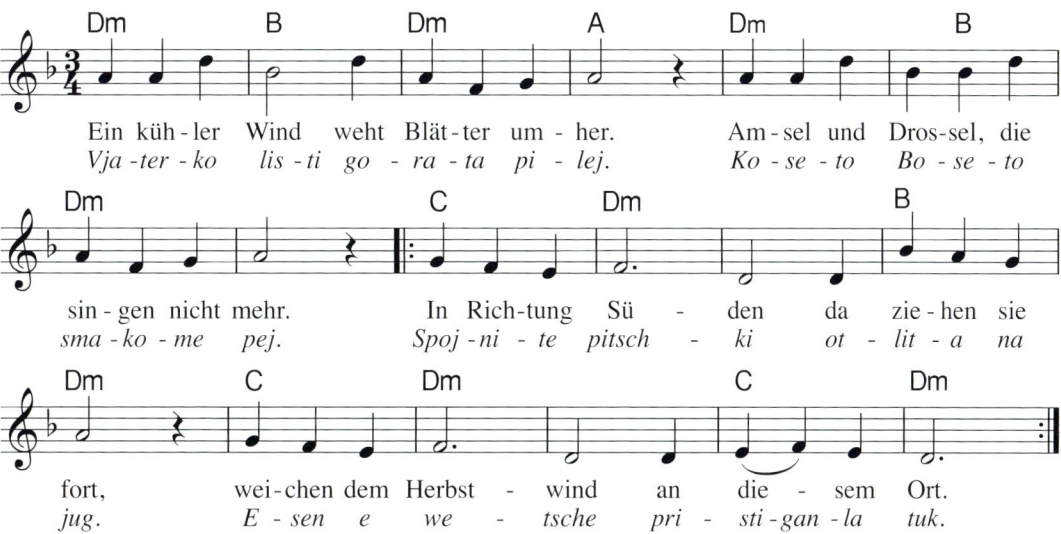

Ein küh-ler Wind weht Blät-ter um-her. Am-sel und Dros-sel, die
Vja-ter-ko lis-ti go-ra-ta pi-lej. Ko-se-to Bo-se-to

sin-gen nicht mehr. In Rich-tung Sü-den da zie-hen sie
sma-ko-me pej. Spoj-ni-te pitsch-ki ot-lit-a na

fort, wei-chen dem Herbst-wind an die-sem Ort.
jug. E-sen e we-tsche pri-sti-gan-la tuk.

© 2014 Schott Music GmbH & Co. KG, Mainz

2. Großvater Wald begibt sich zur Ruh'.
Der große Bär macht die Augen zu.
Häschen stopft Löcher in seinem Gewand.
Sonne wird müde, sie wechselt das Land.

3. Lasset es regnen und winden gar sehr.
Nebel soll fallen, man sieht gar nichts mehr.
Das kleine Häschen, es friert nun nicht mehr.
Sein warmer Mantel, der wärmt es gar sehr.

Transliteration:

2. Stinja schubrakta samoten i gluh.
Zajko na bripeka ebi kozhuh.
Metsa zahrkarka pod starija pan
Sladka za neja e dlagijat san.

3. Neka da vee i deschd da vali,
neka se steljat va goratavagli!
Zajko si ima pak topla kaschuh,
Metschaps pepspiepa jurgantche ot pu.

Ein typisch deutsches Herbstlied ist das Volkslied *Bunt sind schon die Wälder*. Mit diesem Lied wird bereits seit dem 18. Jahrhundert die 3. Jahreszeit besungen. **INFO**

BEWEGUNG

Ein Kind wird ausgewählt, der Wolf zu sein, die anderen Kinder singen das Lied und bewegen sich durch den Raum.

Liedtext	Bewegung
Bist du da?	*der Spaziergang stoppt,* *eine Hand suchend über die Augen legen*
Hörst du uns?	*die Hände horchend an die Ohren legen*
Was machst du?	*die Hände fragend ausbreiten*

Der Wolf gibt seine Antworten. Nach der letzten Antwort fängt der „Wolf" ein Kind. Dieses Kind wird der neue Wolf und das Spiel beginnt von vorn.

BAND

Begleiten Sie das Lied mit Handtrommeln, Klanghölzern und Shakern.
Die Fragen „Wo bist du?" „Hörst du uns?" „Was machst du?" werden rhythmisch mit den Instrumenten beantwortet *(ti ti ta)*.

Liedtext   Instrument

In den Wald lasst uns geh'n
ta   ta   ta   ta

Wo bist du?
ti   ti   ta

In den Wald lasst uns gehn
Promenons-nous dans le bois

Melodie und Text: aus Frankreich
deutscher Text: Mathias Metzner

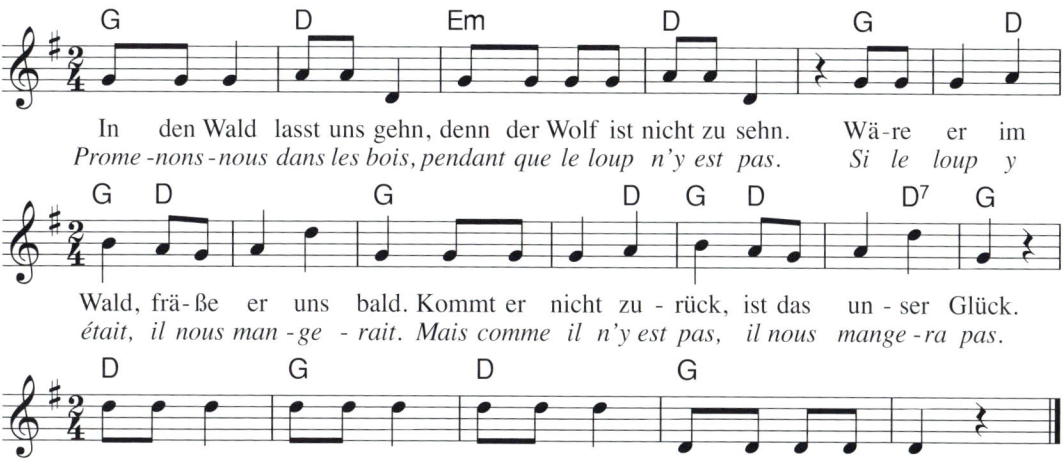

In den Wald lasst uns gehn, denn der Wolf ist nicht zu sehn. Wä-re er im
Prome -nons - nous dans les bois, pendant que le loup n'y est pas. Si le loup y

Wald, frä- ße er uns bald. Kommt er nicht zu - rück, ist das un - ser Glück.
était, il nous man - ge - rait. Mais comme il n'y est pas, il nous mange - ra pas.

"Bist du da? Hörst du uns? Was macht du?" "Mein Hemd zieh ich an!"
"Loup, y es - tu? M'en - tends - tu? Que fais - tu? "Je mets ma che - mi - se!"

© 2014 Schott Music GmbH & Co. KG, Mainz

2. In den Wald lasst uns gehn, …
„Meine Hose zieh ich an!"

3. In den Wald lasst uns gehn, …
„Meine Schuhe zieh ich an!"

Französisch:
2. Promenons-nous dans les bois …
„Je mets mon pantalon."

3. Promenons-nous dans les bois …
„Je mets mes chaussures."

In Deutschland ist das zu diesem Lied gehörende Spiel unter dem Titel: *Wer hat Angst vorm schwarzen Mann*
bekannt.

BAND Begleiten Sie das Lied mit Körperpercussion:

Liedtext

Begleitung

Zum Ge - burts - tag viel Glück,   zum
     ta   *ta*

            ta   *ta*

              ta   *ta*

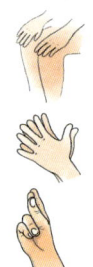

Zum Geburtstag viel Glück
Happy Birthday

Melodie: Mildred J. Hill (1859–1916)
Text: Robert H. Coleman (1869–1946)

Zum Ge - burts - tag viel Glück, zum Ge - burts - tag viel Glück. Zum Ge -
Iyi - ki dog - dun ...., iyi - ki dog - dun .... Iyi - ki

burts - tag lie - be(r) .... zum Ge - burts - tag viel Glück!
dog - dun, iyi - ki dog - dun, iyi - ki dog - dun, ...!

© Texte: Egon I. Frauenberger in allen angegebenen Sprachen
Musik: Frank Daniel, nach Mildred J. Hill
Musikverlag: edition effel-music, frauenberger, münchen
Abdruck mit freundlicher Genehmigung ed.effel-music, frauenberger, münchen

Spanisch	Französisch
Cumpleaños feliz!	Joyeux anniversaire,
Cumpleaños feliz!	et beaucoup de bonheur
Te deseamos ......*	et bonne chance, ma chère ......* / mon cher ......*!
Cumpleaños feliz!	Et beaucoup de bonheur!

Italienisch	Portugisisch
Tanti auguri a te!	Ola, muitos parabems!
Tanti auguri a te!	Ola, muitos parabems!
Tanti auguri caro ......* / cara ......*	Oh querida, oh ......*
Tanti auguri a te!	ola, muitos parabems!

* Name einsetzen

In seiner ersten Version wurde das Lied von Mildred J. Hill (1859–1916) und Patty Smith Hill (1868–1946) als Begrüßungslied für ihren Kindergarten geschrieben. Der Text lautete:
„Good morning to you, good morning to you, good morning, dear children, good morning to all."
Der Text, mit dem das Lied bekannt wurde, stammt von Robert Coleman.

INFO

BEWEGUNG

Klatschen Sie entsprechend des Liedtextes in die Hände, stampfen Sie mit den Füßen, halten Sie die Augen zu und stellen Sie am Ende alles nacheinander dar. Werden Sie während der Wiederholungen der letzten Strophe immer schneller.

TIPP

Variation

Besingen Sie im Lied auch andere Gefühle wie zum Beispiel:

Wenn du wütend bist, dann …
Wenn du traurig bist, dann …

Serbisch

1. Kad si sretan lupni dlanom ti od dlan. (2x)
Kad si sretan i kad zelis,
s drugim delit srecu svu.
Kad si sretan lupni dlanom ti od dlan.

2. Kad si sretan prstima pucketakj ti. (2x)
Kad si sretan i kad zelis,
s drugim delit srecu svu.
Kad si sretan prstima pucketaj ti.

3. Kad si sretan kolijena potapsaj ti. (2x)
Kad si sretan i kad zelis,
s drugim delit srecu svu.
Kad si sretan koljena potapsaj ti.

4. Kad si sretan lupni nogama od pod. (2x)
Kad si sretan i kad zelis,
s drugim delit srecu svu.
Kad si sretan lupni nigama od pod.

Italienisch

1. Se sei felice e tu lo sai batti le mani. (2x)
Se sei felice e tu lo sai e mostrarmelo dovrai,
se sei felice e tu lo sai batti le mani

2. Se sei felice e tu lo sai batti i piedi. (2x)
Se sei felice e tu lo sai e mostrarmelo dovrai,
se sei felice e tu lo sai batti i piedi

3. Se sei felice e tu lo sai chiudi gli occhi,(2x)
se sei felice e tu lo sai e mostrarmelo dovrai,
se sei felice e tu lo sai chiudi gli occhi.

4. Se sei felice e tu lo sai dimmi "ciao", (2x)
se sei felice e tu lo sai e mostrarmelo dovrai,
se sei felice e tu lo sai dimmi "ciao".

Se sei felice e tu lo sai fai tutto insieme,
se sei felice e tu lo sai fai tutto insieme.

Wenn du glücklich bist

Si tu as d'la joie au cœur

Melodie und Text: aus Italien
deutscher Text: Mathias Metzner

23 / 24

G

Wenn du glück-lich bist, dann klat-sche in die Hand! *(Klatsch, Klatsch)* Wenn du
Si tu as d'la joie au cœur, frapp' des mains! *Si tu*

D

G

glück-lich bist, dann klat-sche in die Hand! *(Klatsch, Klatsch)* Zeig mir
as d'la joie au cœur,____ frapp' des mains! *Si tu*

C **G**

wie es denn so ist, wenn du rich-tig glück-lich bist, wenn du
as d'la joie au cœur, si tu as d'la joie au coeur, si tu

D **G**

glück-lich bist, dann klat-sche in die Hand!
as d'la joie au cœur,____ frapp'des mains!

© 2014 Schott Music GmbH & Co. KG, Mainz

Englisch

1. If you're happy and you know it, shout „hurray!" (2x)
If you're happy and you know it, then you really ought to show it,
if you're happy and you know it, shout "hurray!"

2. … clap your hands. (2x)
3. … stomp your feet. (2x)
4. … slap your legs. (2x)
5. … turn around. (2x)
6. … snap your fingers. (2x)
7. … slap your knees. (2x)
8. … nod your head. (2x)
9. … tap your toe. (2x)
10. … honk your nose. (2x)

Französisch

2. Si tu as d'la joie au cœur claque des doigts.
3. Si tu as d'la joie au cœur tape des pieds.
4. Si tu as d'la joie au cœur claque la langue.
5. Si tu as d'la joie au cœur dit bonjour.
6. Si tu as d'la joie au cœur refais tout.

Die Melodie des Liedes geht möglicherweise auf eine Volksweise zurück.
Das Lied selbst gibt es in verschiedenen unterschiedlichen regionalen bzw. nationalen Varianten.

INFO

SPIEL Die Kinder wählen aus vorhandenen Kuscheltieren je eines aus oder bringen ihr eigenes Kuscheltier von zuhause mit. Jedes Kuscheltier erhält im Lied eine eigene Strophe bzw. Stimme.

TIPP Erfinden Sie weitere Strophen zu Tieren, die bisher noch nicht im Lied enthalten sind. Die Tierstimmen werden im Türkischen zwar anders aufgeschrieben, aber in der Regel fast gleich wie im Deutschen ausgesprochen.

2. Ali Babanın bir çiftliği var
Çiftliğinde horozları var
Ü üürü üü diye bağırır
Çiftliğinde Ali Babanın

3. Ali Babanın bir çiftliği var
Çiftliğinde köpekleri var
Hav, hav diye bağırır
Çiftliğinde Ali Babanın

4. Ali Babanın bir çiftliği var
Çiftliğinde kedileri var
Miyav,miyav diye bağırır
Çiftliğinde Ali Babanın

5. Ali Babanın bir çiftliği var
Çiftliğinde inekleri var
Mö, möö diye bağırır
Çiftliğinde Ali Babanın

6. Ali Babanın bir çiftliği var
Çiftliğinde çocukları var
Hey,hey diye bağırır
Çiftliğinde Ali Babanın

Aussprachehilfe

Ç,ç: [ʧ] gesprochen wie tschechisch
Ğ,ğ: [:] dehnt den vorangegangenen Vokal
I,ı: [ɨ] wie kommen (als ganz dumpfes und kurzes i)

Ali Babas Scheune
Ali Babanın bir çiftliği var

Melodie und Text: aus der Türkei
deutscher Text: Mathias Metzner

In A - li Ba-bas Scheu-ne gibts ein Fest, wo je - des Tier ein Lied er-klin-gen lässt
A li Ba-ba-nın bir çif-tli-ği var. Çif-tli-ğin-de ku zu-la-rı var.

Mäh, mäh singt das Lamm sein Lied, so laut es geht, und al - le sin - gen mit.
Mee mee di - ye ba - ğı - rır____ Çif - tli -ğin -de A - li Ba - ba - nın.

© 2014 Schott Music GmbH & Co. KG, Mainz

2. In Ali Babas Scheune gibt's ein Fest,
wo jedes Tier sein Lied erklingen lässt,
kikerikikii singt der Hahn sein Lied,
so laut es geht und alle singen mit.

3. ... wau, wau, singt der Hund sein Lied, ...
4. ... miau, miau, singt die Katz ihr Lied, ...
5. ... muh, muh, singt die Kuh ihr Lied, ...
6. ... hey, hey, singen die Kinder ihr Lied, ...

Das türkische Lied *Ali Babanın bir çiftliği var* ist vergleichbar mit dem englischsprachigen Lied *Old Mac Donald had a farm.*

INFO

BAND Begleiten Sie das Vorspiel und das Nachspiel mit Rhythmusinstrumenten im Sprachrhythmus der ersten Textzeile:

Liedtext   **Instrument**

Gestern waren wir noch klein, liefen durch den Garten.

ta   *ta*   *ta*   *ta*   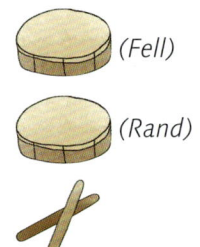 *(Fell)*

        ti ti   *ta*   *ti ti*   *ta*   *(Rand)*

ti ti ti ti ti ti ta ti ti ti ti ta ta

2. Okul yurt güneşidir
Bize bilgiler saçar
Annemizin eşidir
Severek kucak açar

3. Okul insanlık yolu
Her yanı şeref dolu
Sevinçliyiz hepimiz
Yaşasın okulumuz

Gestern waren wir noch klein
Yaşasın Okulumuz

Melodie: aus Frankreich
Text: aus der Türkei
deutscher Text: Mathias Metzner

Ges - tern wa - ren wir noch klein, lie - fen durch den Gar - ten.
Woll - ten ger - ne grö - ßer sein, konn - ten´s kaum er - war - ten.
Da - ha dün an - ne - mi - zin kol - la - rın - da yaşar ken.
Çi - çek - li bah - çe - mi - zin Yol - la - rın - da koş arken.

In die Schu - le woll - ten wir, le - sen, schrei - ben, ler__ nen.
Şim - di o - kul - lu ol - duk, Sı - nı - fla - rı doldur - duk.

Ja, jetzt sind wir end - lich hier, und wir kom - men ger - ne!
Se - vinç - li - yiz he - pi - miz, Yaş - a - sın o - kulu - muz!

© 2014 Schott Music GmbH & Co. KG, Mainz

Wörtliche Übersetzung

1. Die Schule ist
die Sonne unserer Heimat.
Sie gibt uns Wissen.
Sie ist wie unsere Mutter.
Empfängt uns liebevoll mit offenen Armen.

2. Die Schule ist
der Weg zur Gemeinsamkeit.
Sie strahlt Stolz aus.
Wir sind alle fröhlich.
Es lebe unsere Schule.

Das Lied *Yaşasın Okulumuz* wird traditionell in der Zeit des Wechsels von Kindergarten in die Grundschule gesungen. Die Melodie ist mit *Morgen kommt der Weihnachtsmann* identisch und geht auf das französische Lied *Ah! vous dirai-je, Maman* (nachgewiesen seit ca. 1761) zurück.

INFO

SPIEL Die Kinder bilden einen Kreis und legen vor sich auf dem Boden ein Tülltuch bereit.

Liedtext	Bewegung
1. Strophe	*in einem Kreis aufstellen, mit den Händen über dem Kopf zur Tannenspitze geformt*
2. Strophe	*mit den Tüchern wedeln,* *den Kopf mit dem Tuch bedecken*
3. Strophe	*sich klein wie Hasen machen und unter dem Tuch verstecken,* *jemand aus der Gruppe läuft als böser Wolf um den Kreis*
4. Strophe	*im Grundschlag auf die Schenkel patschen* *am Ende jeder Phrase die Hände reiben*
5. Strophe	*im Grundschlag mit den Fingerspitzen leise auf die Schenkel tippen* *am Ende der Phrase die Hände reiben,* *die Hände zur Spitze über den Kopf nehmen,* *die Hände langsam vor dem Körper hinunter führen*
6. Strophe	*Ein Kind stellt sich als Tannenbaum in die Mitte, die restlichen Kinder legen zur Musik die bunten Tücher als Schmuck auf den „Tannenbaum".*

TIPP Nehmen sie dieses Lied zum Anlass für ein Gespräch über russische Weihnachtstraditionen.

Transliteration

2. Metel' ej pela pesenku
Spi jolochka baj-baj
Moroz snezhkom ukutyval
Smotri ne zamerzaj

3. Trusischka zajka seren'kij
Pod jolochkoj skakal
Paroju volk serdityj volk
Ryscoju prabegal

4. Chu sneg po lesu chastomu
Pod polozom skripit
Laschadka mohnonogaja
Taropitsja bezhit

5. Vezjot loschadka droven'ki
A v drovnjah starichok
Srubil on naschu jolochku
Pod samyj kareschok

6. Teper ana narjadnaja
Na prazdnik k nam prischla
I mnogo mnogo radosti
Detischkam prinesla.

Mein Tannenbäumchen Jolotschka
V lesu rodilas jolochka

25 / 26

Melodie und Text: Raissa Kudaschewa
deutscher Text: Martin Gehrmann

1. Mein Tan-nen-bäum-chen Jo-lotsch-ka, in dei-nem grü-nen Kleid, bist
   Vle - su ro-di-las jo-loch-ka, vle - su a-na ros - la, Zi -

   du so herr-lich an-zu-schau'n zu je-der Jah-res-zeit.
   moj i le-tom stroj-na-ja ze - ljo-na-ja by-la.

© dt. Text Martin Gehrmann, Swingalarm Music

2. Der Sturm singt dir ein Wiegenlied:
„Schlaf Jolotschka, ei ei …"
und deckt mit Schnee und Eis dich zu,
dass es schön warm dir sei.

3. Ein kleines Häschen hat vor Angst
sich unter dir versteckt,
der böse Wolf, der lief vorbei
und hat es nicht entdeckt.

4. Da kommt ein Schlitten angefahr'n,
er gleitet durch den Schnee,
ein Pferdchen zieht ihn schnell heran,
schon ist er in der Näh' …

5. Vom Schlitten steigt mein Opa schon,
holt aus dem Wald dich raus
und nimmt dich mit, mein Jolotschka,
ganz schnell zu uns nach Haus.

6. Nun stehst du Tannenbäumchen hier,
geschmückt in schönster Pracht,
für alle Kinder eine Freud,
in dieser heilgen Nacht.

Anders als in den westlichen Ländern fällt das russische Weihnachtsfest nicht auf den 25. Dezember, sondern wird am 7. Januar gefeiert. Fest verbunden mit den russischen Weihnachtstraditionen ist der Heilige Nikolaus, der später in Großväterchen Frost umbenannt wurde. Außerdem wurde ihm eine Helferin zur Seite gestellt, die „Snegurochka", also „Scheemädchen", genannt wurde.

INFO

Französisch

1. Mon beau sapin roi des forêts
que j'aime ta verdure.
Quand, par l'hiver bois et guérets
sont dépouillés de leurs attraits.
Mon beau sapin roi des forêts
tu gardes ta parure.

2. Toi que Noël planta chez nous
au saint anniversaire.
Joli sapin. Comme ils sont doux
et tes bonbons et tes joujoux.
Toi que Noël planta chez nous
tout brillant de lumière.

3. Mon beau sapin tes verts sommets
et leur fidèle ombrage.
De la foi qui ne ment jamais.
De la constance et de la paix.
Mon beau sapin tes verts sommets
m'offrent la douce image.

Englisch

1. O Christmas tree, o Christmas tree,
thy leaves are so unchanging.
Not only green when summer's here,
but also when it's cold and drear.
O Christmas tree, o Christmas tree,
thy leaves are so unchanging.

2. O Christmas tree, o Christmas tree,
such pleasure do you bring me.
Oh every year this Christmas tree,
brings to us such joy and glee.
O Christmas tree, o Christmas tree,
such pleasure do you bring me.

3. O Christmas tree, o Christmas tree,
oh ever green unchanging.
A symbol of good will and love,
you'll ever be unchanging.
Each shining light each silver bell,
no other light spreads cheer so well.

Oh Tannenbaum

O Elato

Melodie: Melchior Franck; Text: Traditional (Griechenland, England, Frankreich)
deutscher Text: Joachim August Zarnack (Strophe 1) Ernst Anschütz (Strophe 2, 3)

Oh Tan-nen-baum, oh Tan-nen-baum, wie grün sind dei - ne Blät - ter. Du
O é - la - to, o é - la - to m'a - rés -sis pos m'a - res - sis. Ti

grünst nicht nur zur Som-mer-zeit, nein auch im Win - ter wenn es schneit. Oh
ore - a tin proto - chro - ni - á, mas fér -nis do - ra sta kla - diá. O

Tan - nen-baum, oh Tan - nen-baum, wie grün sind dei - ne Blät - ter.
é - la - to, o é - la - to, m'a - rés - sis pos m'a - rés - sis.

2. Oh Tannenbaum, oh Tannenbaum,
du kannst mir sehr gefallen!
Wie oft hat nicht zur Winterszeit,
ein Baum von dir mich hoch erfreut!
Oh Tannenbaum, oh Tannenbaum,
Du kannst mir sehr gefallen!

3. Oh Tannenbaum, oh Tannenbaum,
dein Kleid will mich was lehren:
Die Hoffnung und Beständigkeit,
gibt Mut und Kraft zu jeder Zeit!
Oh Tannenbaum, oh Tannenbaum,
dein Kleid will mich was lehren.

Griechisch

2. O élato, o élato ti didagma i stoli sou.
Elpida, ebnéei statheri
ke thárros pánta sti zoi
O élato, o élato m'arésis, posm'arésis!

3. O élato, o élato ta prástina sou filla!
Ta wgásis me kalokeriá
Kai ta foris me ton chioniá
O élato, o élato ta prástina sou filla!

Auf die Melodie des uns bekannten Liedes wurde im 16. Jhd. ursprünglich ein schlesisches Volkslied mit dem Titel *Ach Tannenbaum* gesungen. Zum Weihnachtslied wurde es 1824, als Ernst Anschütz die heute bekannten Strophen 2 und 3 hinzufügte.

INFO

105

BEWEGUNG

Liedtext	Bewegung
Si piante cosi! So baut man ihn an!	*mit den Fingern ein imaginäres Korn in der Handfläche landen lassen*
Si cresce cosi! So wächst er heran	*mit den Armen eine wachsende Bewegung nach oben machen*
Si fiorisce cosi? Ja, so wird er blüh'n!	*mit den Fingern das Aufgehen einer Blüte nachahmen oder ein geknülltes Tülltuch hervorzaubern*
Si taglia cosi! So schneidet man ihn!	*Ernten des Maises mit einer imaginären Sense*
Si cuoce cosi! So kocht man ihn!	*Rühren im Suppentopf*
Si mangia cosi! So isst man ihn!	*den Mais „löffeln"*
Si gusta cosi! So schmeckt er dann!	*über den Bauch streichen*

BAND

Begleiten Sie das Lied mit Körperpercussion:

Liedtext	Begleitung
Weiß ein - er, wie baut man gold - gel - ben Mais an, …	

 …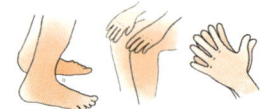

Maiskuchen

Come si pianta la bella polenta

Melodie und Text: aus Italien
deutscher Text: Angela Ruck und Daniela Ehwein

Weiß ei - ner,   wie baut man gold - gel - ben Mais an, den gold - gel - ben Mais an, wie baut man ihn
Co - me si   pian ta   la   bel - la   po - len -ta? La   bel - la   po - len - ta   si pian -ta   co -

an,   wie baut man ihn   an! Wie baut man ihn   an! So wird's ge - macht, ja   so baut man ihn   an!
-si,   si pian -ta   co - si,   si pian -ta   co - si,   pian -ta   la   bel - la po len - ta   co - si.

© 2014 Schott Music GmbH & Co. KG, Mainz

2. Weiß einer,
wie wächst der goldgelbe Mais bloß,
der goldgelbe Mais bloß,
wie wird er denn groß?
So wird er groß und so wächst er heran!

3. Weiß einer,
wie blüht der goldgelbe Mais dann,
der goldgelbe Mais dann,
wie wird er wohl blühn'?
Schön wird der goldgelbe Mais dann
erblüh'n!

4. Weiß einer,
wie schneidet man goldgelben Mais bloß,
den goldgelben Mais bloß,
wie schneidet man ihn?
So wird's gemacht, ja, so schneidet man ihn!

5. Weiß einer,
wie mahlt man den goldgelben Mais dann,
den goldgelben Mais dann,
wie mahlt man ihn dann?
So wird es sein, wird gemahlen ganz fein!

6. Weiß einer,
wie kocht man goldgelben Mais dann,
den goldgelben Mais dann,
wie wird er gekocht?
So wird's gemacht, ja, so wird er gekocht!

7. Weiß einer,
wie isst man goldgelben Mais dann,
den goldgelben Mais dann,
wie isst man ihn bloß?
So fängt man an und so isst man ihn dann!

8. Weiß einer,
wie schmeckt der goldgelbe Mais dann,
der goldgelbe Mais dann,
wie schmeckt er uns dann?
Weil's so gut schmeckt
ist der Mais ruckzuck weg!

Maiskuchen ist ein traditionelles Gericht, das in vielen Ländern und unzähligen Variationen gekocht wird. Das Grundrezept ähnelt sehr dem bekannten Pfannkuchen. Ebenso wie dieser wird der Maiskuchen in einer Pfanne gebraten und sowohl als Süßspeise als auch als pikante Mahlzeit angeboten.

INFO

BAND

Begleiten Sie als Vorübung zum Instrumentalspiel zunächst mit Klatschen. Übertragen Sie diese Begleitung schließlich auf Instrumente wie beispielsweise Handtrommeln oder Klanghölzer.

Liedtext	**Begleitung**
Tim-hir-ti Tim-hir-ti	
ta *ta*	

Steigerung

Erweitern Sie den Begleitrhythmus folgendermaßen:

Liedtext	**Instrument**
Tim-hir-ti Tim-hir-ti	
ta ti ti ta ti ti	

TIPP

Singen Sie das Lied am Ende des Vorschuljahres vor der Einschulung mit den Kindern oder als Abschlusslied nach einem Schuljahr.

In der Schule
Timhirti

Melodie und Text: aus Eritrea
deutscher Text: Mathias Metzner
Bearbeitung: Mathias Metzner

Lasst uns in die Schu-le gehn. Lasst uns ler-nen und ver-stehn, und ver-stehn.
Lasst uns in die Schu-le gehn, vie-le neu-e Din-ge sehn und ver-stehn.
Tim-hirt-ti tim-hir-ti. An-di fil ter hab-ti tim-hir-ti,
Sez-te-mah re ney-ed hin, sey-te-wek re aye-et-hin tim-hir-ti.

Was ich al-les ler-nen will: ler-nen, schrei-ben, rech-nen, ma-len und Mu-sik.
Und hier bin ich nicht al-lein al-le mei-ne
tim-hir-ti si-bl-wa me-ke-ret al-le-wa tim-hir-ti.
Ku-lu-kum ko-lu-lu ab-tim ur-ti

Freun-de sind mit-da-bei. Ma-ma ist stolz auf mich, Pa-pa freut sich noch mehr,
ne-fi-u tim-hir-ti. Ma-ma te-ha-go-si Ba-ba te-ha-gou su

wenn al-les gut ge-lingt, freu-e auch ich mich sehr.
tim-hir-ti ne-fi-e ke-da-may wet-si-é.

© 2014 Schott Music GmbH & Co. KG, Mainz

Timhirti wird in Eritrea zur Einschulung aber auch zum Abschluss des Schuljahres gesungen. Das Wort Timhirti kann mit Erziehung übersetzt werden.

INFO

109

BEWEGUNG Die Gruppe steht im Kreis.

Liedtext	Bewegung
Zin zin zin so spielt die Geige,	*pantomimisch Geige spielen:* *linker Arm in Schulterhöhe zur Seite ausstrecken,* *Handfläche nach hinten drehen,* *rechten Unterarm in Brusthöhe vor dem Körper vor* *und zurück führen*
Drin drin drin klingt die Gitarre.	*pantomimisch Gitarre spielen:* *linker Arm in Brusthöhe nach links ausstrecken,* *rechter Unterarm in Brusthöhe vor dem Körper,* *rechte Hand macht Zupfbewegungen*
Zum zum zum macht der Kontrabass,	*pantomimisch Kontrabass spielen:* *Oberkörper aufrichten,* *linker Arm neben linkem Ohr nach oben strecken (ca.* *90 Grad),* *rechter Unterarm in Brusthöhe vorm Körper,* *rechte Hand macht Zupfbewegungen*
ta ta ta so tönt das Horn.	*pantomimisch Horn spielen:* *linker Arm in Brusthöhe vor der linken Körperhälfte* *(ca. 20cm),* *rechter Arm angewinkelt (ca. 90 Grad) am Körper,* *rechte Hand formt eine Faust (zum Dämpfen des* *imaginären Schalltrichters)*

TIPP Nehmen Sie dieses Lied zum Anlass, über weitere Instrumente und deren Spielweise zu sprechen.

SPIEL Jedes Kind stellt die Spielweise eines Instruments nach; wer rät, welches Instrument gemeint ist, ist als nächster dran.

Zin zin zin so spielt die Geige

Zin zin zin fa il violino

Melodie und Text: aus Italien

Zin zin zin so spielt die Gei - ge, drin drin drin klingt die Gi - tar - re.
Zin zin zin fa il vi - o - li - no, drin drin drin fa il chi - tar - ri - no.

Zum zum zum macht der Kon - tra - bass, ta ta ta so tönt das Horn.
Zum zum zum fa il con - tra - bas - so, ta ta ta il cor - no fa.

© 2014 Schott Music GmbH & Co. KG, Mainz

INFO

Instrumente werden in unterschiedliche Gruppen eingeteilt. Beispielsweise Streichinstrumente (Geige), Blechblasinstrumente (Trompete) und Holzblasinstrumente (Klarinette).

BAND

Singen Sie dieses Lied als kombiniertes Sing- und Sprechstück.
Eine Gruppe singt das Lied, die andere spricht im Rhythmus
die Silben „Ta – ra – ra – ra", und zwar in jedem zweiten Takt, beginnend in Takt 1.
Auf diese Weise entsteht eine Art „Rhythmusbegleitung".
Spielen Sie diese Begleitung zusätzlich auf einem Rhythmusinstrument.

Liedtext

Schau wie die Ti-ta-ta-ra-ra geht, beim …

Ta - ra - ra - ra   *Pause*   ta - ra - ra - ra …

Tarara
La Tarara

Melodie und Text: aus Spanien

Gm ... **F**

Schau, wie die Ti - ta - ta - ra - ra geht, beim Tanz im Kreis sie
Ti - ne la Ta - ra - ra u - nos pan - ta - lo - nes que de a

Es ... **D⁷**

dreht sich im - mer wie - der rund he - rum.
rri - ba a - ba - jo to - dos son bo - to - nes. La Ta -

Gm ... **D⁷**

Schritt für Schritt mit ih - rem Kli - cke - klack geht voll
-ra - ra si, la Ta - ra - ra no, la Ta -

Gm ... **D⁷** ... **Gm**

Stolz Ta - ra - ra mu - tig auf und ab.
-ra - ra, ni - ña, que la bai - lo yo.

© 2014 Schott Music GmbH & Co. KG, Mainz

La Tarara ist ein beliebtes Lied aus Kastilien. Es wird häufig mit allen Kindern im einem großen Kreis getanzt. Das Lied existiert in unzähligen Textvarianten vieler spanischer Musiker.

INFO

Alle stellen sich in einen Kreis und haben ein buntes Tuch in der Hand.
Für den „Vaterkarpfen" sowie für die „Kinderkarpfen" wird eine Farbe bestimmt.
Zur jeweiligen Liedpassage schwingen die Kinder ihre Tücher in der Luft.
Am Ende des Liedes werfen alle ihre Tücher hoch.

Koikarpfen
Koinobori

Melodie: traditionell; Text: Miyako Kondo
deutscher Text: Daniela Ehwein

27 / 28

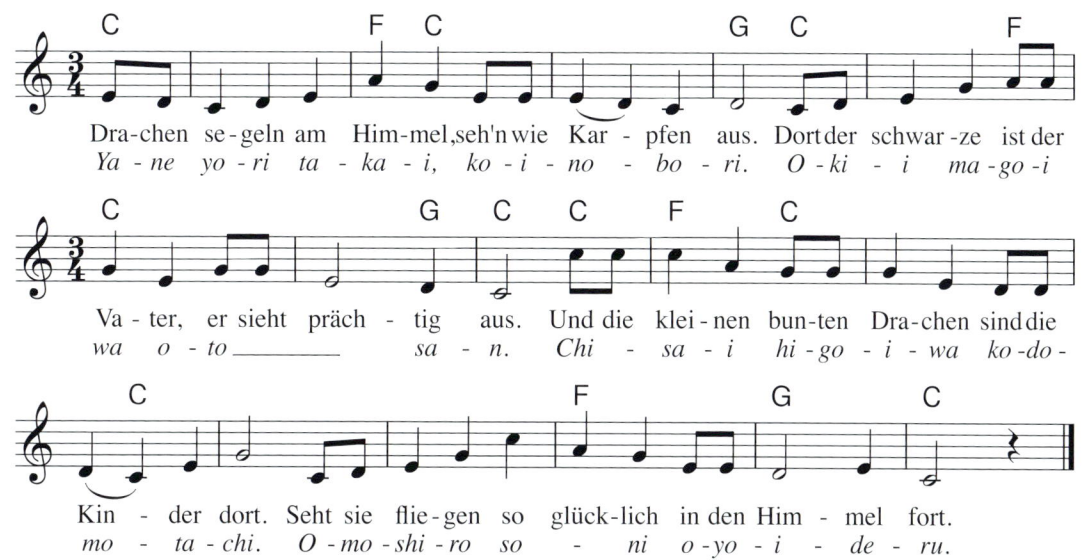

Dra-chen se-geln am Him-mel, seh'n wie Kar - pfen aus. Dort der schwar-ze ist der
Ya - ne yo-ri ta-ka-i, ko-i-no - bo-ri. O-ki - i ma-go-i

Va - ter, er sieht präch - tig aus. Und die klei-nen bun-ten Dra-chen sind die
wa   o - to_____   sa - n. Chi - sa-i hi-go-i - wa ko-do-

Kin - der dort. Seht sie flie-gen so glück-lich in den Him - mel fort.
mo - ta-chi. O-mo-shi-ro so - ni o-yo-i - de - ru.

© 2014 Schott Music GmbH & Co. KG, Mainz

屋根より高い　鯉のぼり
Yane yori takai koinobori

大きい真鯉は　お父さん
Ookii magoi wa otousan

小さい緋鯉は　子供達
Chiisai higoi wa kodomotachi

面白そうに　泳いでる
Omoshirosouni oyoideru

Mit dem Karpfen, welcher mit großer Kraft gegen den Strom schwimmt, assoziiert man in Japan den Jungen. Dieses traditionelle Karpfen-Lied wird zum Knabenfest in Japan gesungen. Familien hängen Karpfen in Form von Karpfendrachen oder Karpfenfahnen vor das Haus. Hierbei vertritt der schwarze Karpfen den Vater der Familie, der rote Karpfen die Mutter und die blauen Karpfen die Söhne der Familie. Heutzutage werden auch für Töchter Karpfenfahnen gehisst und die ganze Familie repräsentiert.

INFO

BEWEGUNG Das Geburtstagskind steht in der Mitte. Die Kinder fassen sich an den Händen, gehen im Kreis und singen das Lied. Die Handfassung wird nur beim Klatschen gelöst.

Zum Text wird geklatscht und gesungen.
„Alle hier, die mag ich sehr, jetzt hol ich den/die ......* her,“ singt das Kind in der Mitte und sucht sich aus dem Kreis einen Freund aus, den er in die Mitte holt und nun mit ihm tanzt oder springt. Alle klatschen dazu.

* Name des Freundes einsetzen

Geburtstagskuchen
Kak na naschi imenini

 29 / 30

Melodie und Text: aus Russland
deutscher Text: Anna Reimer

G · D · G · D

Ei - nen Ku-chen zum Ge - burts-tag uns - rer .... ba-cken wir. Seht wie
Kak na na-schi i - me - ni - ni is - pe - kli mi ka - ra - waj, wot ta -

A · D · A⁷ · D

hoch und wie präch-tig. Seht wie flach und wie so schmäch-tig. Un - ser
koj wy-schi - ni,___ wot ta - koj___ ni-zhy - ni.___ Wot ta -

G · D · G · D

Ku - chen wird sehr breit, o - der klein, tut uns leid. Lie - ber
-koj___ wy-schi - ni, wot ta - koj u - zhi - ny, ka - ra -

A · D · A⁷

.... lass uns seh'n, wer soll mit dir tan - zen
-waj,___ ka - ra - waj, ka - wo lju - bisch, wy - bi -

D · A · D · A⁷ · D

gehn? Al - le hier, die mag ich sehr, jetzt hol ich die .... her.
raj. Ja lju - blju ka - ne-schnowsech, nu a (Wa-nju) bol' sche wsech.

© 2014 Schott Music GmbH & Co. KG, Mainz

Kak na naschi imenini ist ein Spiellied, das in Russland zu Geburtstagen gesungen wird.

INFO

117

♫ Bruder Jakob *Frère Jacques*

BAND Begleiten Sie das Lied mit den Klangbausteinen c und f:

Liedtext   **Instrument**

Bruder Jakob, Bruder Jakob

tao   *tao*   *tao*   *tao*

| f | c | f | c |

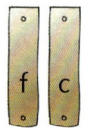

| f | c |

Polnisch
Panie Janie! Panie Janie!
Rano wstań! Rano wstań!
Wszystkie dzwony biją, wszystkie dzwony biją:
Bim, bam, bom, bim, bam, bom.

Italienisch
Fra Martino, campanaro,
dormi tu? dormi tu?
Suonan le campane, suonan le campane :
Din, don, dan, bim, bum, bam!

Serbisch
Brate Jovo, brate Jovo
Spavaš li, Spavaš li?
Zar ne čuješ zvona, zar ne čuješ zvona:
Ding, dang, dong, ding, dang, dong.

Kroatisch
Bratec Martin, Bratec Martin
Kaj još spiš, kaj još spiš
Već ti vura tuče, već ti vura tuče :
Ding, dang, dong, ding dang dong.

Bruder Jakob
Frère Jacques

Melodie und Text: aus Frankreich
deutscher Text: überliefert

Bru - der Ja - kob, Bru - der Ja - kob, schläfst du noch? Schläfst du noch?
Frè - re Jac - ques, Frè - re Jac - ques, dor - mez - vous? Dor - mez - vous?

Hörst du nicht die Glo - cken? Hörst du nicht die Glo - cken? Ding dang dong. Ding dang dong.
Son - nez les ma - ti - nes, son - nez les ma - ti - nes, ding dang dong, ding dang dong!

Russisch
Bratjetz Jakow, Bratjetz Jakow!
Schto ty spisch, schto ty spisch?
Kolokol usch zwonit, Kolokol usch zwonit:
Din, don, don, din, don, don.

Spanisch
Martinillo, martinillo
¿Dónde está, dónde está?
Toca la campana, toca la campana:
Din, don, dan, din, don, dan.

Türkisch
Tembel çocuk, tembel çocuk,
Haydi kalk, haydi kalk!
İşte sabah oldu, işte sabah oldu:
Gün doğdu, gün doğdu. (gün doudu)

Tamil
Chinna Thambi, Chinna Thambi,
Nithiraiyo? Nithiraiyo?
Mani adikithu, mani adikithu:
Ding ding dong, ding ding dong.

Swahili
Kaka Johni, kaka Johni,
unalala, unalala?
Husikii kengele, husikii kengele:
Din, din, don, din, din, don.

Indisch
Fotsin Jako, Fotsin Jako
nisbetja, nisbetja
Tinbatire linso, tinbatire linso:
Tom, peng, pung, tom, peng, pung.

Üblicherweise wird die französische Version als das Original angesehen, doch gibt es Quellen, die das Lied mit dem Jakobsweg nach Santiago de Compostela vor dem 17. Jahrhundert in Verbindung bringen, was die lateinische oder spanische Fassung als Original nahelegen würde.

INFO

Die Kinder sitzen im Kreis und haben die Augen geschlossen. Ein Kind spielt ein Becken, das den Mond klanglich darstellen soll und geht dabei um den Kreis herum. Die Kinder im Kreis deuten in die Richtung, aus der sie den Klang hören.

Englisch

1. Twinkle, twinkle, little star,
how I wonder what you are!
Up above the world so high,
like a diamond in the sky.
Twinkle, twinkle, little star,
how I wonder what you are!

2. When the blazing sun is gone,
when he nothing shines upon,
then you show your little light,
twinkle, twinkle, all the night.
Twinkle, twinkle, little star,
how I wonder what you are!

3. Then the traveller in the dark,
thanks you for your tiny spark;
he could not see which way to go,
if you did not twinkle so.
Twinkle, twinkle, little star,
how I wonder what you are!

4. In the dark blue sky you keep,
and often through my curtains peep,
for you never shut your eye,
till the sun is in the sky.
Twinkle, twinkle, little star,
how I wonder what you are!

5. As your bright and tiny spark,
lights the traveller in the dark,
though I know not what you are,
twinkle, twinkle, little star.
Twinkle, twinkle, little star,
how I wonder what you are!

Leuchte, leuchte kleiner Mond
Fengaraki mou lambro

Melodie: aus Frankreich; Text: Jane Taylor (1783-1824)
deutscher Text: Mathias Metzner

Leu -chte, leu -chte klei - ner Mond, dass ich si - cher ge - he.
Fen - ga - ra - ki mou lam -bro, fen - ge mou na per pa - to.

Auf dem Weg der dun - kel ist, leu - chte mir mit dei - nem Licht.
Na pi - je - no sto sko - lio, na ma - the - no gram -ma - ta.

Zei - ge mir was wich - tig ist, dass ich es auch se - he.
Gram -ma - ta spou -dha -ma - ta, tou theou ta pra - ma - ta.

© 2014 Schott Music GmbH & Co. KG, Mainz

Griechisch
Φεγγαράκι μου λαμπρό,
Φέγγε μου να περπατώ,
Να πηγαίνω στο σχολειό
Να μαθαίνω γράμματα,
Γράμματα σπουδάματα
Του Θεού τα πράματα.

Das Lied bezieht sich auf geheime Schulen in Griechenland zur Zeit des osmanischen Reichs zwischen dem 15. und 19. Jahrhundert. Griechische Jungen besuchten diese geheimen Schulen im Dunkel der Nacht, um dort die griechische Sprache zu lernen und christlichen Religionsunterricht zu erhalten. Inzwischen wird das Lied aber als Schlaflied verstanden – ähnlich wie das englische *Twinkle, twinkle little Star*, das auf dieselbe Melodie gesungen wird.

INFO

BAND

Verwenden Sie Fingerzimbeln zur Liedbegleitung.

Liedtext   **Instrument**

Müde schließt der Teddybär die Augen zu …
tao   *tao*

TIPP

Singen Sie das Lied als Schlaflied zur Vorbereitung des Mittagsschlafs im Krippenalltag.

Müder Teddybär
Spjat ustalie i grushki

31 / 32

Melodie und Text: aus Russland
deutscher Text: Mathias Metzner
Bearbeitung: Mathias Metzner

Mü – de schließt dein Ted – dy – bär die Au – gen zu
Spjat u - sta - li - je i - grusch - ki knisch - ki spjat,

und die bun - ten Bil - der - bü - cher gehn zur Ruh! Auf dich war - tet schon dein Kis - sen
o - de - ja - lo i po - dusch - ki schdut re - bjat. Da - sche skas - ka spat' lo - schi t'sja

auch die De - cke wird es wis - sen, bald schon schläfst du ein, ba ju baj.
Schto - bi no - ch'ju nam pri - snit'- sa, ti ej po - sche - laj, ba ju baj.

© 2014 Schott Music GmbH & Co. KG, Mainz

Nachdichtung

2. Und im Traum da schaukelst du dann
auf dem Mond,
der am Himmel hinter'm Regenbogen wohnt.
Du kannst mit den Tieren sprechen,
alle deine Freunde treffen, bald schon
schläfst du ein, baju baj.

Wörtliche Übersetzung

2. Im Märchen kann man auf dem
Mond schaukeln und auf dem Regenbogen
kann man Pferd reiten.
Du kannst mit den Tieren sprechen,
mit dem Elefantenjungen dich anfreunden,
und eine Feder vom Feuervogel fangen.
Schließ deine Augen, baju-baj.

2. W skaske moschno pokaschat`sa na lune,
I po raduge promschat´sa na kone.
So slonjonkom podruschit´sa,
I pojmat´ pero scharpti-zi.
Glaski sakriwaj, baj baj.

Figuren wie der Feuervogel oder der Elefantenjunge spielen im russischen Orginaltext eine wichtige Rolle.

INFO

BAND

Verwenden Sie zur Begleitung die traditionell übliche Darbuka.
Ein einfaches Begleitmuster ist *ta titi, ta titi*.
Die Viertelnote (*ta*) wird klangvoll in der Fellmitte gespielt,
die Achtelnoten (*titi*) am Trommelrand.

Liedtext   **Instrument**

Der Tag fängt an, die   Sonne erwacht.

ta   ti   ti   ta ti ti   ta   ti ti ta ti ti

TIPP

Verwenden Sie alternativ zur Darbuka eine kleine Djembe oder eine Rahmentrommel.

Morgenlied
Laha Ssabah

Melodie und Text: aus Marokko
deutscher Text: Mathias Metzner
Bearbeitung: Mathias Metzner

Der Tag fängt an, die Son-ne er-wacht, Vö - ge-lein sin-gen, vor-bei ist die Nacht.
La -ha Ssa - bah __ Wat -tay -ru sah Faw -qal Ghu -sun _____ bay -nal Bi - tah.

Streck' dich und gähn, und steh dann auf, reib aus dei - nen Au - gen
Ya - na - i - min Qu - mu ´ma -lu Wa -dau´l Ma - nam __

al - len Schlaf he -raus, al - len Schlaf he -raus, al - len Schlaf he -raus.
la tak - sa - lu. La tak - sa - lu, la tak - sa - lus.

© 2014 Schott Music GmbH & Co. KG, Mainz

2. Und mit Gesumm, fliegen die Bienen,
um die bunten Blumen herum.
Sie sammeln den guten Honig ein
und scheinen niemals müde zu sein.

Transliteration
Annahlu Taf fawqa Zzuhour,
Tarakal Wala wa ata yadour.
Yajni mina Zahril A´sal.
Araayta kam Yabghil A´mal.

Darbuka ist die arabische Bezeichnung für eine kelchförmige Trommel. Der Korpus besteht traditionell aus Ton. Für einfache Ausführungen wird dieser mit Ziegenhaut bespannt, für exklusivere Modelle verwendet man vornehmlich Fischhaut. Die Darbuka wird in der Regel im Sitzen gespielt. Dabei liegt sie auf dem linken Oberschenkel und wird vom linken Arm gehalten. Es können zwei grundlegende Spieltechniken unterschieden werden: Der Grundschlag (rechte Hand schlägt zwischen Rand und Mittelpunkt) und ein hoher Ton (Finger der linken Hand schlagen am Rand).

INFO

SPIEL

Alle liegen im Kreis, mit einem Tülltuch zugedeckt. Nun wird ein Kind ernannt, das leise um den Kreis geht, schleicht oder kriecht, während gesungen wird. Am Ende des Liedes nimmt es das Tülltuch eines anderen Kindes und beide machen gemeinsam die nächste Runde. Das Lied wird so oft wiederholt, bis alle Kinder „erwacht" sind. Beim letzten Durchgang bewegen sich alle frei durch den Raum.

TIPP

Nutzen Sie dieses Lied zum Ende einer Ruhezeit oder einfach als kleine Entspannungspause für die Kinder zwischendurch.

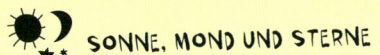

Bajuschki baju
Bajuschki baju

Melodie: aus Russland; Text: Michail Lermontow
deutscher Text: Dorothée Kreusch-Jakob

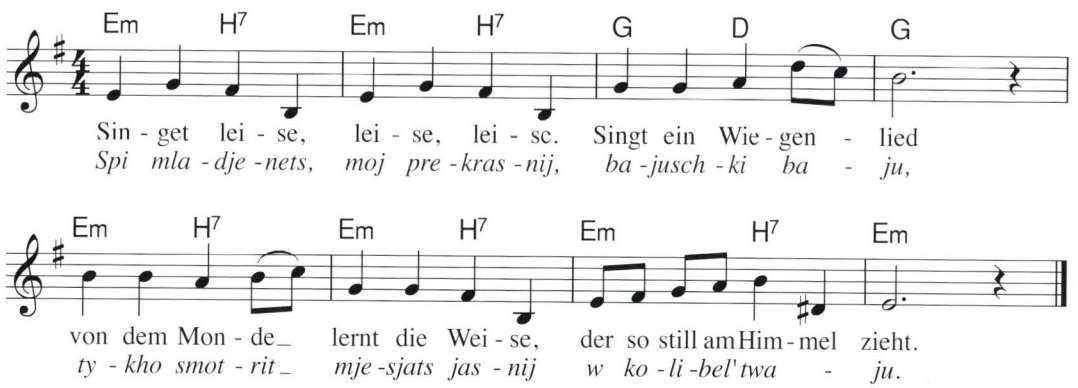

Sin - get lei - se, lei - se, lei - se. Singt ein Wie - gen - lied
Spi mla - dje - nets, moj pre - kras - nij, ba - jusch - ki ba - ju,

von dem Mon - de_ lernt die Wei - se, der so still am Him - mel zieht.
ty - kho smot - rit_ mje - sjats jas - nij w ko - li - bel' twa - ju.

© Melodie: aus Russland, Text: Dorothée Kreusch-Jacob

Verlag: MUSICJUSTMUSIC ®; www.DorotheeKreusch-Jacob.com; www.musicjustmusic.com

Bajuschki baju ist ein ausdrucksstarkes russisches Wiegenlied. Der Text von Michail Lermontow (1814 – 1841) beschreibt die Liebe einer Mutter mit ihren Gedanken an Abschied und Trennung von ihrem Kind.

INFO

BAND

Gestalten Sie ein Vor-, Zwischen- und Nachspiel mit Fingerzimbeln und den Klangbausteinen e und h:

Liedtext

Instrument

Dandini dandini
tao   tao

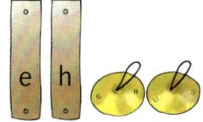

4x wiederholen

Mein Kälbchen
Dan dini dan dini dastana

33 / 34

Melodie und Text: aus der Türkei
deutscher Text: Mathias Metzner
Bearbeitung: Mathias Metzner

Dan - di - ni dan - di - ni das - ta__ na, Kälb - chen was machst du im Ge - mü - se - beet?
Dan - di - ni dan - di - ni das - ta __ na, da - na lar gir - miş bos - ta - na

Mei - ne__ Möh - ren__ kriegst du__ nicht, Kälb - chen lauf__ sonst fang ich__ dich!
kov bos - tan - cı__ da - na __ yı. Ye - me - sin __ ıa__ ha __ na __ yı!

© 2014 Schott Music GmbH & Co. KG, Mainz

2. Dandini dandini dastana,
oben am Himmel leuchtet der Mond,
Mama singt dies Lied für dich,
schlaf, mein Kind, ganz fest und tief.

Transliteration:
2. Dandini, dandini, danalı bebek,
mini mini elleri kınalı bebek.
Annesi babası çok sever.
Uyur, büyür nazlı bebek.

Aussprachehilfe
ı: Ähnlich wie das e in kommen, ein dumpfes kurzes i
ç: wie tsch in tschechisch

Die erste Strophe des sehr alten Liedes kennt beinahe jedes türkische Kind. Die Anzahl und Reihenfolge weiterer Strophen variieren regional.

INFO

♫ LIEDER AUF DER CD

Gesang: Felina Mathes
Instrumente: Friedrich Betz, Lorenz Betz, Christina Eberle, Carsten Haas, Julian Müller
Aufnahme, Mix & Mastering: Carsten Haas
© 2014 Schott Music GmbH & Co. KG, Mainz
℗ 2014 Schott Music GmbH & Media GmbH, Mainz